LA METHODE
DE LA PHILOSOPHIE AFRICAINE

5-7, rue de l'Ecole polytechnique ; 75005 Paris

http://www.librairieharmattan.com
diffusion.harmattan@wanadoo.fr
harmattan1@wanadoo.fr

ISBN : 978-2-296-04677-1
EAN : 9782296046771

Mbog BASSONG

LA METHODE DE LA PHILOSOPHIE AFRICAINE

De l'expression de la pensée complexe en Afrique noire

L'HARMATTAN

En hommage au savant africain Théophile Obenga

« La *philosophie*, au sens propre, a donc été pratiquée dans l'Egypte ancienne (...) Les anciens Egyptiens ont pensé l'être, la vie, la mort, etc. Ne réduisons plus leurs écrits importants à la seule dimension "sacrée", "religieuse". Ayons assez d'esprit critique pour les comprendre autrement, désormais.

(...)

Cette pensée est prodigieuse. Elle ne s'est perpétuée en Afrique noire que dans les sociétés secrètes – véritables cercles philosophiques – pour des hommes grandement initiés ».

« L'absolu, physique et spirituel à la fois, pensé chez les anciens Africains de l'Egypte pharaonique comme *Noun* et *Maât* interviendra nécessairement dans la lutte actuelle pour prôner la transcendance de l'homme par rapport à tous les déterminismes de la nature et de la société ».

Théophile Obenga, *La philosophie africaine de la période pharaonique. 2780 – 330 avant notre ère*, Paris, L'Harmattan, 1990, p. 61 et pp. 513-514.

INTRODUCTION

L'existence d'une philosophie africaine, authentique et potentiellement féconde n'est plus contestée, sauf à considérer les derniers soubresauts de quelques nostalgiques d'une orthodoxie philosophique[1]. Il est davantage question d'établir ici et maintenant les nouvelles conditions de son expression et d'y optimiser le génie africain face aux autres philosophies enfin sommées de prouver leurs singularité et pertinence[2] au regard de la science qui se fait[3].

---

[1] Le très percutant philosophe Paulin Hountondji confesse : « *En ce sens, je pense que l'une des tâches, du moins l'un des efforts qui s'imposent aujourd'hui au philosophe africain est d'apprendre ou de réapprendre la modestie, d'apprendre à ne pas surestimer sa propre discipline, d'oublier d'une certaine manière sa propre formation de philosophe pour ouvrir simplement les yeux, réapprendre à voir et à entendre.* », in *Actes du Colloque de philosophie de l'Ecole Normale Supérieure*, Yaoundé 4-8 avril 1983, p. 234.

[2] Pour le philosophe Marcien Towa, il est clair que « *quelles que soient leurs divergences, toutes les philosophies pour mériter le nom de philosophie, doivent résulter d'un débat sur l'absolu, sur la réalité, les valeurs et les normes suprêmes.* », in *L'idée d'une philosophie négro-africaine*, Yaoundé, Editions Clé, 1970, p.13. Collection Points de vue n°18.

[3] L'éminent physicien Fritjof Capra, *Le TAO de la physique*, Paris, Sand, 1985, pp. 55-56, en montre les enjeux : « *Les découvertes de la physique moderne ont profondément modifié des notions telles que celles d'espace, de temps, de matière, d'objet, de cause et d'effet (...) De ces changements a émergé une nouvelle vision du monde, radicalement différente, encore en voie de formation dans les recherches scientifiques en cours.* » Nous montrons dans la présente

La présente contribution s'inscrit dans cette démarche. Elle explore la qualité des sources philosophiques disponibles, qu'il s'agisse des textes hiéroglyphiques de la période pharaonique, des recherches rapportées par les anthropologues, les ethnologues et les historiens, ou des ressources de la tradition orale. Des éléments toujours plus probants de l'approche diachronique renforcent ainsi l'idée d'un *continuum* philosophique entre la pensée pharaonique et la pensée négro-africaine actuelle[4]. Un philosophe éclectique, Marcien Towa, apprécie :

> *« Ces éléments de ressemblance entre la pensée égyptienne et la pensée du reste de l'Afrique Noire nous semblent suffisamment nombreux et importants pour autoriser l'affirmation de l'existence d'une tradition philosophique africaine profonde remontant à la plus haute antiquité qui soit*[5] *».*

La cause est donc entendue ; la philosophie africaine peut se refaire une santé. Le philosophe Tshiamalenga Ntumba affirme :

> *« Le temps n'est donc plus où on se demandait s'il existe une philosophie africaine. La plus ancienne est la pharaonique. La plus récente est celle de nos traditions orales, tandis que la plus*

---

contribution que ces recherches sont en parfaite adéquation avec la pensée africaine du Réel.

[4] Aussi le savant africain Cheikh Anta Diop, *Civilisation ou Barbarie*, Paris, Présence Africaine, 1981, p. 12, souligne-t-il avec force : *« Pour nous, le retour à l'Egypte, dans tous les domaines est la condition nécessaire pour réconcilier les civilisations africaines avec l'histoire, pour pouvoir bâtir un corps de sciences humaines modernes, pour rénover la culture africaine. Loin d'être une délectation sur le passé, un regard vers l'Egypte antique est la meilleure façon de concevoir et de bâtir notre futur culturel. L'Egypte jouera, dans la culture africaine repensée et rénovée, le même rôle que les antiquités gréco-latines dans la culture occidentale. »*

[5] *Op. cit.*, p. 44.

actuelle est celle que nous créons face aux problèmes d'aujourd'hui et demain[6] ».

Nous voudrions, pour cette raison, saisir au préalable la visée ontologique des représentations mythologiques de la cosmologie traditionnelle, cerner ensuite la méthode philosophique sous-jacente, l'esprit même de cette méthode, ses mécanismes et sa portée épistémologique[7]. Il s'agit, pour ainsi dire, d'en ressortir les principes d'une cosmo-éthique pour laquelle l'Africain de l'époque égyptienne ou traditionaliste opère une suggestion cognitive inscrite comme un jugement producteur de valeurs, de normes rectrices d'actions et d'idéaux à réaliser.

Pour atteindre ces objectifs, nous envisageons d'élucider successivement les problèmes de fond, à savoir :

1. La théorie africaine du Réel (Essai d'herméneutique phénoménologique).
2. Le statut et la portée épistémologiques de la méthode africaine.

---

[6] Préface à Théophile Obenga, *op. cit.*, p. 10.

[7] Nous montrons dans la première partie de cette contribution que, dans sa quête du réel, le mythe africain rencontre la science. Il n'y a pas de rupture entre intuition et logique, ontologie et épistémologie, de sorte que le mythe africain procède d'une rigueur méthodologique démonstrative et conclusive, car éprouvée par l'expérience.

I

LA THÉORIE AFRICAINE DU RÉEL

Essai d'herméneutique phénoménologique

Dans quelle mesure ce que les Africains se représentent ressemble à *ce qui réellement est* ? Tel est l'enjeu de cette première partie. Pour comprendre l'*ontologie*, la science de l'être, il faut en saisir l'essence religieuse rapportée à travers les mythes et ses dérivés, à savoir les légendes, les symboles, les épopées, les proverbes, les contes, les aphorismes... Le discours philosophique africain suggère dès lors des concepts représentés à la fois par des images et des mots qui sont aussi d'authentiques principes déifiés recouvrant la réalité, à la fois visible et invisible. Il s'agit, de fait, d'une pensée symbolique[8] dont le statut

[8] La symbolique est ici dépassement de l'égalité signifiant - signifié du langage philosophique classique. Jean Mfoulou dans son intervention aux *Actes du colloque de philosophie de l'Ecole Normale Supérieure*, Yaoundé, 4-8 avril 1983, p. 197, le perçoit bien : « *Le symbole a ceci qu'il est moins précis que le concept. Le symbole est beaucoup plus riche de signification que le concept, parce qu'il est beaucoup plus fréquent de sens. Le symbole n'est pas un avatar du concept, il a un statut propre – je pourrais presque ainsi m'exprimer. Il demande à être décrypté davantage, il est à mon avis plus riche, il est davantage enraciné dans l'humus des réalités humaines, des réalités naturelles. Quant au concept, évidemment il a cet avantage d'être plus précis, plus net, plus clair et plus affûté, parce qu'il est plus pauvre, je dirai que le concept est clair et même très clair parce qu'il se présente comme superficiel au sens premier et au sens second du terme. Le concept a tendance à se présenter comme univocité alors que le symbole, lui est plurivoque et demande donc à être interprété davantage.* » Le problème qui se pose ainsi est celui de la nature de la connaissance en jeu et celui de son énonciation. La connaissance intuitive se veut totalisante et pénétrante par cette "émotion de profondeurs" (au sens de Bergson) de l'expression symbolique que le langage classique, linéaire, ne peut atteindre ou envelopper. Aussi ne nie-t-elle pas la clarté de l'expression, mais il s'agit bien d'une clarté de deuxième niveau, accessible à tout esprit en fonction de ses facultés cognitives propres. C'est dire qu'en philosophie le symbole affirme des statuts ontologique et épistémologique propres et, davantage, un dépassement de la linéarité conceptuelle suggérée par la pensée classique. Il s'agit, pour ainsi dire, de faire accéder le mythe, le conte,

ontologique programme une tension vers la complétude universelle dans un langage qui, pour cette raison, apparaît religieux et tout à la fois magico-scientifique. Ainsi, l'ontologie africaine, concrète et vécue, produit des codes qui sous-tendent une vérité et une réalité propres, cosmologiques, avec des valeurs et des normes assimilées à des dieux. Il n'en demeure pas moins qu'il s'agit de philosophie. Aussi choisissons-nous comme méthode de cette ontologie la phénoménologie de l'être saisie ici comme un discours philosophique sur la connaissance du Réel.

Dans la majeure partie des textes mythologiques disponibles, complets ou en fragments, l'existant est intégré à une perspective programmatique où se manifestent des phénomènes qui prennent l'allure des "états de choses" mimant pour ainsi dire une réalité mouvante. Il sera donc question de procéder à un "*dévoilement-de-l'être*", d'y projeter l'essence de "*l'être-dévoilé*" sous le couvert du signe et du symbole dont les significations devront s'articuler à tout le système de représentations auquel celles-ci appartiennent.

---

le proverbe, etc., au rang d'une dignité philosophique en admettant le statut symbolique de leur énonciation comme étant de l'ordre de la finitude expositoire, avec cet accent conclusif de l'exposé. Ce qui est en jeu, c'est la dimension ontologique du discours sur le savoir. Entre connaissance "intuitive" et connaissance "rationnelle" se pose donc le problème du type de "logique" à partir de laquelle le penseur organise et énonce son discours sur le Réel. Et il y est question surtout de méthode : La pensée africaine se veut holiste, totalisante, alors que la connaissance "rationnelle" compartimente, catégorise, simplifie, pour saisir, après coup, la totalité. Mais on le pressent, une telle approche est par essence réductionniste, linéaire, alors que la première confère par sa plénitude organisationnelle un symbolisme pénétrant de la forme et de son contenu.

Aussi envisageons-nous cet essai d'ontologie phénoménologique dans la perspective d'une philosophie *herméneutique* : ce qui "apparaît", se "manifeste", demande alors à être signifié au regard de la science qui se fait, malgré l'essence religieuse de l'énoncé symbolique. La réappropriation du sens doit déboucher ce faisant sur le comment de ce qui *est,* le pourquoi des valeurs, relativement à la morale et à la politique (*axiologie*), mais aussi à la fin (*téléologie*). L'histoire ontologique de l'Afrique fonde ainsi l'histoire dialectique de la liberté et de la raison, la nécessité d'une règle, d'une méthode et d'une éthique susceptibles d'orienter la pensée et l'action. Pour élucider ces questions, nous examinerons successivement les principes suivants fondateurs de l'épistémè africaine :

1. L'unité du Réel
2. Le principe d'antagonisme organisationnel du Réel
3. La Loi de l'harmonie universelle.

Pour chacun de ces principes, nous établirons autant que faire se peut une problématique claire puis nous montrerons chaque fois en quoi la pensée africaine y rejoint les développements récents de la science.

Tous les mythes cosmologiques égyptiens en notre possession ne sont pas complets. Une extrapolation à partir des textes ethnographiques plus complets ou significatifs a été effectuée toutes les fois que le besoin s'en est imposé en vue de rétablir les cohérences disparues ou absentes. L'essentiel de la présente contribution nous vient du savant africain Théophile Obenga.

1.
L'UNITÉ DU RÉEL

La pensée de *Atoum/Rê*

> « L'explication pharaonique de l'origine de la totalité de ce qui est, c'est-à-dire de l'Univers ou de tout ce qui existe est étrangement actuelle du fait qu'elle pose dès le départ non Dieu ou le chaos (les ténèbres) mais la matière, sous forme d'eau inaugurale ». Théophile Obenga, *La philosophie africaine de la période pharaonique. 2780-330 avant notre ère*, Paris, L'Harmattan, p. 31.

1.1. LES SOURCES MYTHIQUES

L'ontologie africaine affirme l'unité du Réel c'est-à-dire l'idée d'une totalité matérielle animée par des forces démiurgiques, qui serait à l'origine de notre Univers et de notre temps. Elle admet aussi l'existence d'un Univers avant l'Univers actuel donc celle d'un méta-univers, pourrait-on dire ; de fait, il s'agirait d'un monde avant notre monde, difficile à imaginer et qui relève de la spéculation théorique. Puis apparaissent successivement la Matière primordiale et l'Œuf cosmique qui lui-même donnera naissance au cosmos, avec les êtres minéraux, végétaux, animaux et, enfin, l'homme. Comment la pensée symbolique organise-t-elle un tel scénario ?

A. Du méta-univers à l'Univers actuel

Dans les textes des pyramides, le savant Théophile Obenga rapporte la version suivante du méta-univers tel que pensé par les Egyptiens :

> *« La mère du (roi) était encore enceinte avec celui qui est dans le ciel inférieur ; le (roi) est né de son père Atoum, alors que le ciel n'existait pas encore, alors que la terre n'existait pas encore ; alors que les hommes n'existaient pas encore, alors que les dieux n'étaient pas encore enfantés, alors que la mort (même) n'existait pas encore[9] ».*

La pensée se veut logique et conséquente. Pour qu'il y ait un temps de notre Univers, il faut qu'il y ait eu au préalable une fluctuation ayant conduit à la constitution de ce qui présentement "est", ce qui suppose aussi un avant-monde. En somme, il est question d'un méta-univers à partir duquel le *Noun* prendra naissance avec en son sein *Atoum.* Celui-ci se présente :

> *« Je suis Atoum quand je suis seul à exister étant seul dans le Noun, et je suis Râ quand il apparaît en gloire, quand il commande et gouverne ce qu'il a créé[10] ».*

Notre Univers apparaît dans un état non-structuré : c'est le *Noun,* une eau (en égyptien ancien) "habitée" par *Atoum* lui aussi incréé ; celui-ci programme son apparition sous la forme de *Râ*, commandant et gouvernant ce qu'il a

---

[9] Théophile Obenga, *op. cit.*, pp. 33-34. Il s'y impose une pensée consciente, désireuse d'accomplir par voie magique la création. Le sens est à saisir dans cette approche mystérique des origines où la pensée ne peut que spéculer, produire une logique attendue par la raison raisonnante sur *le pourquoi et le comment des choses*, selon une approche clôturante de la finitude universelle. On ne peut que saluer le génie des anciens Egyptiens dont la mémoire active et imaginative ne cesse d'étonner, avec cette quête des mots purifiant le langage linéaire, scientifique.

[10] *Idem*, p. 38.

créé. C'est le roi né de son père ; autrement dit, *Atoum* est cooriginaire de la Matière primordiale *Noun* à partir de laquelle prend naissance le projet de la création. *Râ* est porteur de l'initiative historique et ce, dès le méta-univers, le monde avant notre monde par le biais d'*Atoum* son autre forme à l'état stationnaire. La nature première de cet Univers actuel est donc l'eau, en raison de sa fonction fertilisante, voire d'une analogie avec le sperme ou le jaune d'œuf, etc., porteurs de vie. Il ne faut pas sous-estimer le niveau de spéculation des anciens Egyptiens qui étaient physiciens, mathématiciens et savants, conscients que toute spéculation théorique peut trouver des images fortes, analogiques, mais surtout pédagogiques. Il se trouve que la théorie cosmologique moderne, comme nous l'entrevoyons dans les pages suivantes, nous contraint à penser qu'il ne s'agit pas simplement d'une description gratuite des faits, sans fonds expositoire rationnellement conçu ; les Egyptiens semblent avoir pensé, avant toute autre civilisation, la réalité d'un Univers *indivis*.

D'où ce commentaire de Théophile Obenga :

> *« Dans l'Egypte ancienne, on peut dire que l'Idée sort, puissante, de la matière brute. Au commencement, il y a la matière, une eau faible, obscure, abyssale, mais puissante, dynamique, créatrice, novatrice, génératrice des dieux-mêmes et du reste de la création. Toutes les façons et toutes les formes de la vie sont issues de l'eau initiale, incréée : l'origine même de tout le développement ultérieur*[11] *».*

Les mots sont choisis en égyptien ancien, pour leur puissance évocatrice, signifiante. *Atoum, Noun* et *Râ* traduisent, quant au fond, le mystère mouvant de la création, mais aussi celui de la pensée humaine dans le rapport existant entre l'esprit qui crée et le monde des

---

[11] *Ibidem, op. cit.*, p. 31.

origines avec lequel il n'a jamais réellement perdu contact. Dans tous les cas, la matière est bien là, dès le départ, incréée. Et il s'agit bien d'une "eau" sollicitée par l'esprit qui raisonne pour exprimer la réalité première (stade initial de notre Univers actuel).

L'image d'une "eau" vivifiante est évocatrice et souvent associée aux mythes africains. *Noun* et *Atoum* sont distingués et considérés comme des indéfinis conceptuels métaphysiques ; ils donnent un point de départ au temps de notre Univers, au mouvement. Les Egyptiens notent le *Noun* par l'inscription hiéroglyphique suivante .

On peut penser cette inscription gratuite si on ne saisit pas la sémantique dans une dimension opératoire et pédagogique. Elle confirme cette attache de la pensée égyptienne avec la réalité des choses dans la formalisation de l'écriture. C'est tout cela que nous enseignent les hiéroglyphes.

Le *Noun* égyptien correspond au *Nommo* des Dogon, *Dane Sandyi* des Bambara, *Tano* des Akan, c'est-à-dire l'eau. De cette eau, apparaît une force, un démiurge. Le *Noun* noté renvoie à une approche vibratoire de la matière, on pourrait dire des sortes de "cordes" ou encore des "vagues" cheminant à la surface d'une eau en mouvement. C'est du reste ce que suggère la pensée bambara à ce propos :

> *« Au sein du "yereyereti" (vibration créatrice) était l'esprit, "miri", dans l'esprit le faire "wali", dans le faire, la venue des choses, "nati", dans cette dernière le départ des choses, "tali"*[12] *».*

La raison est analogique et valorisante dans cette volonté de donner un point de départ à la venue au monde des choses et ce, sous la forme d'une pensée produisant

[12] Germain Dieterlen, *Essai sur la religion bambara,* Paris, PUF, 1951, préface de Marcel Griaule, p. 10.

l'action. L'eau est pour cette raison une métaphore dans ce symbolisme allusif et porteur de réalisme ontologique et anthropologique.

En reprenant Obenga, il s'agit d'une pensée à la fois solaire (*Râ = dieu* soleil) et fluviale (*Noun* = eau), car agraire ; cette pensée pose l'eau comme la source de vie. La cosmologie bambara admet par ailleurs que la terre fut pétrie par l'eau (*Nommo*)[13], ou encore il est question d'une terre mouillée, de glaise comme c'est le cas dans la cosmogonie yorouba[14].

Même si souvent nos lacunes textuelles ne nous permettent pas d'appréhender avec davantage de rigueur intellectuelle l'esprit qui pense la création, on note tout de même dans bien des cas ce même souci d'unité fondamentale de la Réalité soumise à des forces. Les Ngala - Dwala du Cameroun considèrent ce qui suit :

> *« L'Univers étant conçu comme un ordre unique, "Téi" qui régit les forces, celles-ci y trouvent un classement. Au fur et à mesure qu'elles s'associent, ces forces constituent des sous-ensembles et des forces d'une totalité hiérarchisée*[15] *».*

Ici aussi, l'Univers est conçu comme un système unique dont les maillons constitués en sous-unités complémentaires et hiérarchisées sont porteurs de la réalité démiurgique et répondent à la finalité du Tout, c'est-à-dire de tout le système en ses parties et unités consécutives. Cela sous-tend l'idée d'une force animant la

---

[13] Marcel Griaule, *Dieu d'eau. Entretiens avec Ogotemmêli*, Paris, Les Editions du Chêne, 1948, p. 25.

[14] Jean Ziegler, *Les Vivants et la mort. Essai de sociologie*, Editions Seuil, 1975, p. 90. Collection Esprit.

[15] Prince Dika-Akwa nya Bonambela, *Les problèmes de l'anthropologie et de l'histoire africaines*, Yaoundé, Editions Clé, 1982, p. 215. Collection Etudes et Documents Africains.

réalité unitaire et unificatrice des étants en l'Etant primordial. C'est à peu près ce à quoi renvoient les propos du sage Hampaté Ba, s'agissant des traditions orales ouest – africaines.

> *« Chaque phénomène peut permettre de remonter jusqu'aux forces dont il est issu et d'évoquer les mystères de l'unité de la Vie, toute entière animée par la "Sé", Force sacrée primordiale, elle-même aspect du Dieu créateur*[16] *».*

On peut noter ici un certain parallélisme phonologique des vocables *Râ*, *Rê* (égyptien), *Téi* (ngala-dwala), *Sé* (bambara, peul), forces primordiales porteuses d'ordre et du projet de l'Univers, comme en témoigne la pensée de *Râ*, la pensée de l'Etre-Un égyptien organisant l'espace-temps :

> *« Je fis tout ce que je fis, étant seul, avant que personne d'autre (que moi) ne se fut manifesté à l'existence, pour agir en ma compagnie en ces lieux... (Puis) mon cœur se montra efficace, le plan de la création se présenta devant moi, et je fis tout ce que je voulais faire, étant seul.*
>
> *Je conçus des projets en mon cœur, et je créai un mode d'existence, et les modes d'existence dérivés de l'Existant furent multitude*[17] *».*

Le démiurge *Râ* procède ainsi à la création de notre Univers à partir de la matière primordiale, *Noun*. Le *Noun* représente le lieu de manufacture de tous les étants et, donc, tous les existants devenus multitude. Aussi toutes les créatures possèdent-elles une partie du *Noun* animée par *Râ*, l'Energie, la force auto-productrice. C'est dire que de l'Existant primordial, de la Matière Unique, du *Noun*,

---

[16] « La tradition vivante » in *Histoire générale de l'Afrique. Méthodologie et Préhistoire africaine*, Jeune Afrique/Stock/ UNESCO, 1980, p. 205. Directeur de volume : J. Ki-Zerbo.

[17] Théophile Obenga, *op. cit.*, p. 57.

dérivent tous les autres existants. Les Luba du Zaïre confirment cette réalité :

> « *Au commencement, de Toutes les choses (de l'univers), l'Esprit Aîné, Maweja Nangila, le premier, l'aîné et le grand seigneur de tous les esprits qui apparurent par la suite, se manifesta, seul, et de par soi-même.*
>
> « *Puis, et d'abord, il créa les Esprits.*
>
> « *Il les créa, non pas à la façon dont il créa les autres choses, mais par une métamorphose de sa propre personne, en la divisant magiquement, et sans qu'il ne perde rien*[18] ».

L'Esprit, la Conscience, la Force, l'Energie (primordiaux) attestent le principe thermodynamique de conservation d'énergie issu de l'Unité, d'une unité indivise d'où émergent *Râ, Mawela Nangila, Téi, Sé, Faro* chez les Bambara, etc., cooriginaires de l'eau. De cette Unité consolidée cristallise l'Œuf cosmique. La question ontologique des origines est par conséquent résolue par la mythologie cosmologique des Egyptiens anciens et des traditions négro-africaines actuelles. On peut y noter la profondeur de l'unité culturelle des savoirs.

B. L'Œuf cosmique

L'ontologie africaine admet l'existence d'un Œuf initial, cosmique, porteur du souffle de vie. Voici ce que dit la pensée pharaonique à propos de *Noun* s'adressant à *Atoum-Rê* :

> « *Respire ta fille Maât (la vérité et la Justice) élève-la jusqu'à ton nez afin que ton cœur vive*[19] ».

---

[18] T. Fourche et H. Morlighem, *Une bible Noire,* Bruxelles, Max Arnold, 1973, p. 15., cités par Théophile Obenga, *op. cit.*, p. 61.

Ainsi la Vérité – Justice, *Maât*, fille de *Rê,* est inscrite dans le processus de création ; c'est elle qui donne vie à l'Existant primordial et à l'Œuf du monde. Elle inspire à la pensée un changement de phase du non-structuré, le *Noun,* au structuré porteur de vie, de Vérité et de Justice, c'est-à-dire de la Loi de la Vie et de l'Harmonie universelle. L'Œuf cosmique à l'instar de tout œuf est porteur de vie, d'harmonie, de valeur. Dans la mythologie égyptienne, *Seth* est un dieu qui entoure l'Œuf, le protège jusqu'à l'éclosion. Il symbolise ainsi l'enveloppe de l'Œuf cosmique, c'est-à-dire la coque, avant que la fluctuation, le changement de phase, l'éclatement de cet Œuf n'engage la véritable vie. L'idée générale est celle d'une vie en gestation dans la coque, par structuration matérielle de l'eau fœtale du chaos primordial.

Théophile Obenga note qu' « *On retrouve également cette pensée d'un œuf cosmique dans les grands rituels de l'Afrique noire profonde*[20] ». Les mythes, la danse, l'architecture, les rites, l'art, etc., évoquent presque toujours la rotondité ou le cercle au point où Jacques Fame Ndongo[21] y saisit l'enjeu d'une « *géométrie circulaire* », régulatrice de l'espace communicationnel en Afrique noire. Chez les Fali du Nord – Cameroun par exemple, on note en effet :

> « *La seule pièce de la première demeure représente l'œuf primordial d'où est issue la terre des hommes carrée, forme qui est figurée par la cour rectangulaire tandis que, par sa rotondité,*

---

[19] Claire Lalouette, *Textes sacrés et textes profanes de l'ancienne Egypte : mythes, contes et poésies,* Paris, Gallimard, 1987, p. 31.

[20] Théophile Obenga, *op. cit.*, p.44.

[21] *Un regard africain sur la communication. A la découverte de la géométrie circulaire*, Yaoundé, Editions St Paul, 1996.

l'édifice lui-même suggère l'équilibre du monde commençant mais déjà organisé[22] *».*

Symbolisme allusif, donc, qui introduit le sens de l'organisation, l'espace – moment de vie dans la forme circulaire préfigurant aussi l'irruption d'un événement. La naissance de *Horus* divin, imagée dans la pensée pharaonique, programme aussi l'idée de l'œuf :

« La semence du dieu est dans mon ventre.

Je forme le corps d'un dieu comme un œuf :

Il est le fils de celui qui gouvernait la Compagnie des dieux ;

il gouvernera le monde entier,

il héritera de tout le patrimoine de Geb,

il parlera au nom de son père et tuera Seth, l'ennemi de son père.

Venez, ô dieux ! protégez-le tandis qu'il est dans mon sein[23] *».*

Ainsi, *Seth* inspire la forme ennemie, celle du mouvement qui mène à l'implosion de l'Œuf. En épousant cette forme de l'œuf si mystérieuse, pleine d'énergie, de vie potentielle, il se présente lui-même comme un protagoniste demandant aussi à *Atoum, Maât*, le souffle de vie en vue d'assurer son existence destinale :

« O Atoum, donne-moi la douce brise qui est dans ton nez ! Je suis cet Œuf qui était dans (le ventre) du Grand Jargonneur et je fais la garde de cette grande entité que Geb a séparée de la terre : Si je vis, elle vit. Puissé-je redevenir jeune et vivre, et respirer la brise !

Je suis celui qui a séparé ce qui était réuni ; j'ai circulé autour de son Œuf. Je suis le matin du temps et de grande puissance, Seth[24] *».*

---

[22] Jean - Paul Lebeuf, *L'Habitation des Fali,* Paris, Hachette, 1961, p. 584, cité par Th. Obenga, *op. cit.*, p. 44.

[23] Fernand Schwarz, *L'initiation au livre des morts égyptiens,* Paris, Albin Michel, 1988, p. 52.

[24] Théophile Obenga, *op. cit.*, pp. 43-44.

C. L'implosion de l'Œuf cosmique

Dans la pensée pharaonique, l'implosion procède d'un processus structurel perçu au préalable comme la rupture de *Seth*, donc de la coque primordiale enveloppant la totalité. C'est *Râ* qui souligne en effet en tant que conscience de l'être comment il opère :

> « *Je fis tout ce que je désirais en ce monde et je me dilatai en lui. Je nouai ma propre main, tout seul, avant qu'ils ne fussent nés, avant que je n'eusse craché Shou et expectoré Tefnout. Je me servis de ma bouche et Magie fut mon nom*[25] ».

L'implosion du *Noun* dans cette coque primordiale amène ainsi à l'existence *Shou* (l'air) et *Tefnut* (l'élément humide). Dans la pensée dogon, *"miri"* est aussi l'œuf du monde[26], en même temps "esprit" et "air". La pensée yorouba simule certes l'air, mais un "air" proche de l'esprit en tant qu'Existant primordial, *Olurun :*

> « *Avant que l'univers n'existât, il n'y avait que l'air et l'eau. Au tout début des temps, il n'y avait même pas d'eau, seulement de l'air. Olurun était une masse infinie d'air... Et une sorte de terre mouillée, de glaise apparut*[27] ».

Même si l'étape du méta-univers et de l'Œuf cosmique n'est pas soulignée, il y a bien un début suggérant une continuité assurée. Dans la pensée dogon, *Amma* peut être assimilable à *Téi, Sé, Faro, miri, Olurun, Râ, Mawela Nangila*, l'Etre - force :

> « *toutes les choses sont les choses d'Amma*
> *Amma (a créé) la terre, il a fait bien*
> *Amma (a créé) le ciel, il a fait bien*
> *Amma (a créé) l'eau, il a fait bien*

---

[25] *Idem*, pp. 56-57.

[26] Germaine Dieterlen, *op. cit.*, p. 10.

[27] Jean Ziegler, *op. cit.*, p. 90.

Amma (a créé) le Nommo, il a fait bien
L'eau du ciel est tombée sur la terre
Est entrée dans les trous[28] ».

D. Des êtres minéraux aux êtres biologiques

Hampaté Bâ nous présente un tableau cohérent des principales étapes résumant l'évolution synthétique de l'Univers dans les traditions ouest – africaines :

« *Dans la tradition de la savane, et particulièrement dans les traditions bambara et peul, l'ensemble des manifestations de la vie sur terre est divisé en trois catégories, ou "classes d'êtres" elles-mêmes subdivisées en trois groupes :*

-Au bas de l'échelle les êtres inanimés, dits "muets", dont le langage est considéré comme occulte, étant incompréhensible et inaudible pour le commun des mortels. Cette classe d'êtres contient tout ce qui repose à la surface de la terre, (sable, eau, etc.) où réside en son sein (minéraux, métaux etc.)

Parmi les êtres inanimés muets, on trouve les inanimés solides, liquides et gazeux (littéralement "fumants").

-Au degré médian les "animés immobiles", êtres vivants qui ne se déplacent pas. C'est la classe des végétaux, qui peuvent s'étendre ou se déployer dans l'espace mais dont le pied ne peut se mouvoir.

Parmi les animés immobiles, on trouve les végétaux rampants, grimpants et verticaux, ces derniers constituant la classe supérieure. Enfin, les "animés mobiles", comprennent tous les animaux jusqu'à l'homme[29] ».

---

[28] G. Dieterlen et G. de Ganay, *Génie des Eaux chez les Dogons*, Paris, Paul Geuthner, 1992, cités par Théophile Obenga, *op.cit.*, p. 71.

[29] A. Hampaté Bâ, *op. cit. pp. 205-206.* Cette note de synthèse de l'évolution est une des plus concises et des plus précises que nous ayons rencontrée. Elle nous évite de reproduire plus longuement d'autres textes analogues, non moins éclairants, mais longs, abordant

Aussi l'homme est-il historiquement situé dans le processus de la création, dans un *continuum* où la pensée de l'être ne sépare point visible et invisible, matériel et immatériel. L'invisible est par ailleurs objet de connaissance, d'un point de vue initiatique.

Ce commentaire très instructif de Théophile Obenga éclaire la présente démarche :

> *« Une pensée de la totalité devait nécessairement émerger d'une société si cosmique, intégrant en son sein toutes les dimensions du Réel qui est ce qu'il est, sacré et profane à la fois (encore qu'une telle distinction n'ait jamais eu plus d'importance qu'il n'en faut au pays des pharaons)*[30] *».*

---

la naissance des Dieux et l'émergence du panthéon, ou encore les questions existentielles sans grand rapport avec la problématique générale de la présente contribution.

[30] Théophile Obenga, *op. cit.*, p.101. La grande rupture entre les conceptions de la connaissance dite "intuitive" et de la connaissance dite "rationnelle" s'effectue à ce niveau. Sacré et profane sont deux aspects dialectiques de la réalité divine. Le sacré *est*, parce que procédant du divin, de l'insondable, de l'impénétrable. Or la pensée mythique occidentale se voudrait, à l'image de ses héros, capable de rivaliser avec les dieux. Ainsi aucun domaine ne lui est réservé. Prométhée peut "voler" le feu des dieux, et la raison peut permettre tout savoir, y compris la pensée de Dieu, par simple spéculation théorique. Aussi la rationalité a-t-elle pris le pas sur l'intuition des choses, non démontrable, aux frontières du quantique. De ce point de vue, la mystique orientale qui intéresse aujourd'hui les Occidentaux rejoint la mystique africaine. L'éminent physicien Fritjof Capra de l'université de Berkeley, en Californie, écrit dans la préface à la seconde édition de son livre *Le TAO de la Physique*, Editions Sand, 1985, p. 11, ce qui suit : *« Lorsque j'ai découvert les convergences existant entre la conception du monde des physiciens et celle des mystiques, convergences auxquelles on avait déjà fait allusion mais sans jamais profondément les approfondir, j'ai eu le sentiment que je découvrais quelque chose de tout à fait évident et qui serait connu de tous dans le futur. Quelquefois, en écrivant "le Tao de la physique", j'ai même senti que cela s'écrivait à travers moi, plutôt que par ma*

On peut résumer le processus de création dans la pensée africaine de la manière suivante :

Noun (matrice non structurée) → Œuf cosmique (*Atoum* est déjà là, caché) → *Râ* (conscience agissante) → Dieux → Univers matériel (étoiles, gaz, galaxies) → ciel, terre, eau, feu → minéraux → végétaux → hommes→ ? Point de rupture entre l'homme et ses origines dans le cosmos étoilé.

Ainsi se dégage l'évolution synthétique de la pensée africaine du Réel. Elle sollicite à présent un approfondissement théorique qui tienne compte des récents développements de la cosmologie.

1.2. LES APPORTS DE LA PHYSIQUE MODERNE

La physique moderne nous donne un aperçu de ce que fut le cosmos aux origines, dans la forme d'un méta-univers :

> *« Au commencement était le vide... Et d'une fluctuation quantique du vide naquit l'univers. Telle est la version moderne du fameux big-bang...*
>
> *Ce vide quantique originel n'est pas vraiment vide – évidemment, puisque rien ne peut naître du néant absolu. C'est donc un vide plein, un faux vide, qui aurait enfanté la matière*[31] *».*

La pensée égyptienne est conforme à cette approche. Le *Noun,* la matière primordiale, naît d'un méta-univers animé par une force, *Atoum,* père du roi à venir *Râ*, qui

---

propre volonté. » Emouvant récit venant d'un pur rationaliste, qui nous pousse à approfondir les recherches africaines. Celles-ci suggèrent plus d'aplomb que la mystique orientale.

[31] *Science et vie,* « Pourquoi y a-t-il quelque chose plutôt que rien ? » Mensuel n°970, juillet 1998, pp. 56-62.

affirme ainsi une "présence", certes dans un milieu non-structuré, sans configuration réelle, sensible. Il s'agit de la conscience primordiale hors de notre espace-temps, inconnaissable, incréé. Dans la pensée bambara, tout aussi rigoureuse, il n'en est pas autrement :

« "Maa Ngala", c'est la Force infinie
Nul ne peut le situer dans le temps ni l'espace
Il est "Dombali" (inconnaissable)
Dambali (incréé – infini)[32] *».*

Le vide n'est pas néant ; il est animé : c'est un vide-vivant, essence des archétypes à venir, des formes amenées à exister à partir de la Matrice primordiale. Ce vide est potentialité des potentialités. La pensée bambara est allusive. En effet, elle affirme la présence d'un Etre – Un qui s'autoorganise à partir du *Noun* :

« Il n'y avait rien, sinon un Etre.
Cet Etre était un Vide vivant,
couvrant potentiellement les existences contingentes.
Le temps infini était la demeure de cet Etre – Un.
L'Etre – Un se donna le nom de Maa Ngala.
Alors il créa "Fan"
Un Œuf merveilleux comportant neuf divisions,
Et y introduisit les neufs états fondamentaux de l'existence[33] *».*

Ainsi la matière primordiale, le *Noun*, entraîne la formation de l'*Œuf* cosmique et celle des neufs états qui rappellent aussi l'ennéade égyptienne et, en général, la mystique ontologique du chiffre gouvernant la création. Le

---

[32] Texte recueilli par A. Hampaté Ba, « La tradition vivante » in *Histoire Générale de l'Afrique. Méthodologie et préhistoire africaine,* Jeune Afrique/UNESCO, 1980, pp. 194-195. Directeur de volume : J. Ki-Zerbo.

[33] *Idem.*

Néant n'existe pas et le rien procède davantage du non-être, l'Etre manifesté devenant le Un génésique, à la fois générique et numérique. Mais il s'agit d'une manifestation dans un temps infini à la limite du big bang, fluctuation supposée du méta-univers ayant introduit le temps de notre Univers évalué en cosmologie à près de 13,7 milliards d'années. L'idée d'un Vide vivant rompt ainsi avec la caricature du "vide inanimé", du "rien" de la physique classique. Curieuse adresse de la philosophie africaine déployée depuis des millénaires ! Un physicien de renom écrit pour notre gouverne :

> *« Beaucoup de physiciens considèrent la découverte de la qualité dynamique du vide comme l'une des plus importantes de la physique moderne*[34] *».*

La matière surgit de ce vide, mais il s'agit d'une matière non structurée, non organisée, potentiellement porteuse de vie : c'est le *Noun* incréé à l'intérieur duquel *Atoum* émerge pour devenir *Râ* porteur du projet cosmique, autant que *miri*, *Job*, *Maa Ngala*, *Téi*, *Sé*, des autres traditions mythiques.

Noun est une "mer" abyssale, profonde, obscure ; c'est une « eau » à l'instar du *Nommo* des *Dogon*, du *Tano* des *Akan*, du *Dane sandyi* des Bambara, etc. Il est noté par les Egyptiens, d'un symbolisme évocateur de vagues, de vibrations (*yereyereti*) des Bambara.

La théorie quantique admet à juste titre que le "Vide vivant" est animé par des forces électromagnétiques, des fluctuations. La théorie des "cordes" de la physique quantique renvoie aussi dans son modèle à *« une agitation de petites "cordes" identiques mais vibrant différemment*

---

[34] Fritjof Capra, *Le TAO de la physique*, Paris, Editions Sand, nouvelle édition complétée, 1985, pp.226-227.

dans un espace de dix à douze dimensions[35] *»*. Gabriel Veneziano, l'un des pères de cette théorie en cosmologie, corrobore dans son analyse les thèses des anciens Egyptiens à travers cette métaphore allusive s'agissant du "Vide vivant" de l'univers primitif :

> *« C'était une sorte de vaste mer agitée par les vagues des ondes gravitationnelles*[36] *»*.

Deux champs de forces antagonistes et complémentaires interviendraient dans cette mer en condensation : Le graviton (force gravitationnelle), (*Horus* ?) et le dilaton (*Seth* ?). Ceux-ci permettraient de dilater l'espace-temps en y provoquant une production d'énergie par effondrement gravitationnel.

Or *Noun* est bien le lieu de manufacture des entités, c'est-à-dire le monde où *Râ* se dilaterait et nouerait sa main, comme il le dit lui-même, en spirale, dans une dynamique entraînant l'éclatement par une bifurcation porteuse de vie, une "catastrophe". *Râ* est ainsi le manifeste d'une asynchronie dynamique au niveau subatomique où *Atoum* prend la forme d'une réalité intelligible bien avant le projet de création. *Râ* est conscience de la conscience primordiale *Atoum* ; il est l'Etre-Un émergeant du non –Etre, donc tendance à exister dans un existant, le *Noun*.

En physique quantique aussi, la réalité indifférenciée peut prendre un sens intelligible suggéré comme des tendances probabilistes, donc incertaines :

> *« Au niveau subatomique, la matière n'existe pas avec certitude à des places définies, mais manifeste plutôt une "tendance à exister",*

---

[35] *Sciences et Vie*, n°1029, juin 2003.

[36] *Sciences et Avenir*, n°71, mars 2003.

et des évènements atomiques ne surviennent pas avec certitude mais manifestent plutôt des "tendances" à survenir[37] *»*.

Il s'agirait en fait du passage d'un état quantique à un autre pour résister à l'emprisonnement qu'inflige la circularité organisationnelle :

> *« Tendances à exister, particules réagissant par le mouvement à l'emprisonnement, atomes passant soudain d'un état quantique à un autre et une interrelation fondamentale de tous les phénomènes – voilà quelques-uns des traits caractéristiques du monde atomique*[38] *»*.

Mais il s'agit bien chez l'Egyptien ancien de métaphores, d'images analogiques rendues dans cette pensée aux symboles puissants qui ont du répondant dans la physique quantique : *Atoum* est ainsi à l'état stationnaire, indifférencié, faute de structuration. Il est *Râ* dans son aspect dynamique quand il "gouverne ce qu'il a créé." Il devient quintessence après avoir produit *Geb, Nout, Shou* et *Tefnout*. De l'Etre-Un dans le *Noun* vivant, la quintessence produit l'ennéade, les neuf dieux de la Totalité au rang desquels *Osiris, Seth, Isis* et *Nephtys*, qui correspondent aussi au neuf hypostases de la pensée bambara. L'éclatement de l'Œuf cosmique préfigure ainsi l'explosion du petit globe de feu primordial, donc une sorte de *big bang,* annonciateur du commencement de notre temps avant l'"inflation cosmique", la rupture et l'éclatement.

La question qui pourrait venir à l'esprit est la suivante : Comment les philosophes et savants de cette époque ont-ils pu formaliser de telles spéculations théoriques sans disposer d'engins technologiques modernes et sophis-

---

[37] Fritjof Capra, *op. cit.*, p.70.

[38] *Idem,* p.74.

tiqués (télescopes et satellites modernes) capables de sonder l'Univers infini ?

La réponse à une telle interrogation suppose une disposition empirique du savoir ; elle suggère à l'esprit le caractère permanent et immuable de la pensée créatrice d'où naît un rapport entre la connaissance phénoménale et la connaissance nouménale. Elle suppose aussi l'existence d'un domaine de perception de l'harmonie universelle, assimilable à de l'énergie, une énergie susceptible de conduire à une ascèse capable de dompter l'intuition rationnelle. Tout ceci indique en fin de compte que les notions d'espace et de temps, d'objets isolés, de cause et d'effet, qui ont une signification dans la conception intellectualiste du "rationnel", perdent leur sens dans la vie spirituelle. Ces notions procèdent en effet de la façon dont l'esprit raisonne, du point de vue de la culture, même avec des instruments d'analyse rudimentaires.

La conscience de la conscience de l'Etre, c'est à peu près tout cela entre Unité du Réel et mouvement de la pensée où interfère la Loi de la création universelle. L'Unité du Réel est par conséquent une densification des étants par la discriminalité des formes (*Kheper*) procédant toutes de la Réalité énergétique *Râ*, à partir de la Matière primordiale *Noun*. Toutes les formes constituent ainsi des processus participant à l'avènement l'existence. Toutes sont nécessaires, toutes sont complémentaires, et *Maât*, c'est l'harmonie des étants, celle de leurs fonctions complémentaires et finalités respectives respectueuses de la finalité du Tout en leur médiation universelle.

On pourrait se poser une question qui déborde le cadre réductionniste du rationalisme : La physique quantique manifesterait-elle une réalité de l'ordre de l'intuition ? Si la réalité ultime de la matière est d'essence spirituelle, les Africains et, en particulier, les penseurs traditionnels n'auraient-ils pas eu raison de privilégier l'intuition rationnelle dans cette quête du Réel et du sens à donner à l'existence humaine ? On saisit mieux pourquoi l'Ordre des principes actifs de la raison africaine procède de l'appréhension rationnelle des essences fondamentales, perçue du reste comme l'enjeu essentiel de l'organisation du Réel, du point de vue de la régulation cosmologique appliquée pour cette raison à celle des sociétés humaines. Au rang cette appréhension rationnelle, il est aussi question de la bipolarité organisationnelle du Réel.

2.
LE PRINCIPE D'ANTAGONISME ORGANISATIONNEL DU RÉEL

La dialectique *Horus/Seth*

> « Esprit et Matière sont tous deux des façons d'être de la Réalité. L'"objet" ("l'objectif") n'est pas séparable, pour la pensée égyptienne, du "sujet" ("le subjectif"). Le savoir de *ce qui est*, posé là devant, est affirmé par l'esprit humain lui-même. La vie est dans la matière. L'organisation est la tendance générale de l'univers, qui comprend justement la totalité de ce qui est, "esprit" et "matière" ».
>
> Théophile Obenga, *La philosophie africaine de la période pharaonique. 2780-330 avant notre ère*, Paris, L'Harmattan, 1990, p. 48.

La pensée africaine envisage la bipolarité des essences fondamentales comme une notion relative. Les contraires, mieux les contrastes, à l'instar de la dialectique matière / esprit, homme / femme, bien / mal, identité /différence, nécessaire / superflu, etc., sont essentiellement relatifs dès lors que cette pensée admet leur unité catégorielle. Ils représentent en effet deux aspects ou deux moments d'un même phénomène procédant de l'organisation liée aux propriétés intrinsèques de *ce qui est.* Ce qui sert d'unité entre les deux, les Egyptiens l'appellent *Maât* : c'est un jeu dynamique entre les extrêmes, une solution d'ordre de l'asymétrie fondationnelle et, donc, une valeur tenant lieu à la fois de justesse, d'équité, de représentation géométrique, de mouvement, de spirale oscillant entre deux points opposés, contrastés. Mais ce jeu, cette solution, cette valeur unifie et transcende en organisant de manière dialectique la Totalité de *ce qui est.* Si *Maât* est un savoir, le savoir de *ce qui est,* c'est aussi une méthode pour le sujet en quête de l'"objet", de l'"objectif". *Maât* se trouve ainsi incrustée dans la matière ; mieux, elle est la résultante des propriétés contrastées *Horus / Seth* que nous offrent à découvrir les sources mythiques et les apports récents de la science.

2.1. LES SOURCES MYTHIQUES

Les sources mythiques africaines rendent compte de la dialectique des essences fondamentales et bipolarisées de la matière dont la nature humaine reprend les propriétés. Dans la pensée pharaonique, *Atoum* se présente sous une forme "*dormante*", "*non dynamique*", "*cachée*" et *Râ* sous une forme dynamique. *Atoum* est le matin de naissance de *Râ*, sa transformation téléologique.

Dans la dimension quantique du Réel, il s'agirait d'une transition du non-être à l'être, à moins que celle-ci ne soit ni existence, ni non-existence ou encore ne soit ce qui serait à la fois non-être et être. *Atoum* est présent dans la Matière et le *Noun* se manifeste comme un pouvoir, une force magique :

> « *Je suis Noun, l'unique, le sans-pareil...j'ai amené mon corps à l'existence grâce à mon pouvoir magique. Je me suis créé moi-même ; je me suis constitué ainsi que je le souhaitais ; selon mon désir*[39] ».

---

[39] Claire Lalouette, *Textes sacrés et Textes profanes de l'ancienne Egypte : mythes, contes et poésies*, Paris, Gallimard, 1987, p. 31.

La matière n'est donc pas inerte. Elle est en mouvement ; sa masse constitue une forme d'énergie emmagasinée. C'est de cette énergie *Râ*, la *dynamis,* qu'apparaîtront les archétypes porteurs de vie. Le *Noun* est, nous l'avons dit, un "Vide vivant", une eau dynamique, transformable en d'autres formes d'énergie, en processus qui ne sont que des aspects, des moments de la même réalité fondamentale. La pensée bambara est tout aussi pénétrante : elle formalise cette matière sous une forme vibratoire animée par une force, *Sé*, à l'instar de *Râ.*

Cette approche renvoie à des vibrations véhiculant des perturbations, sous la forme des manifestations de particules. La pensée africaine n'ignore pas, pour ainsi dire, le monde subatomique. Elle en reproduit les divers aspects qui trouvent aussi un sens dans le vécu, la vie pratique. Il en est ainsi de *Seth* gouvernant l'Egypte "désertique", mais tout à la fois au cœur de la création où il assure la garde de l'Ordre universel encore confiné au stade de l'Œuf cosmique.

C'est ce même *Seth* que l'on retrouve dans le mythe d'*Osiris*, porteur des forces de désordre, d'injustice, de violence et luttant contre *Horus*, les forces d'ordre, de justice et de paix. Là s'édifie un Traité de régulation politique : *Seth* participe ainsi au processus de création avant d'inspirer l'Ordre social comme ennemi d'*Osiris.* Alain Anselin commente ainsi le rôle de *Seth :*

> *« Loin d'être étranger à l'Egypte, Seth est l'un des pères fondateurs, l'une des "âmes de Nekhen" au même titre que Wsr, Osiris, son frère et beau-frère mythique. Il est l'un des éléments*

essentiels de la dramaturgie du pouvoir, du discours fondateur de l'Etat[40]*».*

A l'instar des principes bien / mal, beau / laid, nécessaire / superflu, etc., *Seth* est un protagoniste indispensable à *Horus* dans le système de régulation politique. Tous les mythes africains et leurs dérivés manifestent aussi une dissidence ouverte des protagonistes mais qui se termine toujours par *Maât*, l'Ordre, la Valeur, la Norme. De fait, l'Ordre naît du Désordre organisationnel. *La théorie du chaos* est injectée de manière minutieuse dans un discours mythique apparemment anodin.

Chez les *Dogon* du Mali, l'Œuf du monde contient ainsi deux couples jumeaux, l'un symbolisant l'ordre et le second, le désordre. L'un des jumeaux, le mâle, fut privé de parole et condamné à l'animalité pour avoir tenté de posséder seul l'Univers en formation, en abandonnant prématurément l'Œuf du monde. Il erre pour cette raison sous la forme d'un renard, condamné qu'il est à poursuivre son œuvre destructrice en s'opposant à l'ordre social. C'est cela qui justifie l'intervention humanisante du couple jumeau gardien de l'ordre, appelé à fixer les valeurs dominantes de la société dogon[41]. Ce dernier couple joue ainsi le rôle de *Horus* dans la pensée égyptienne, comme on pouvait s'y attendre.

Le mythe de *Jeki la Njamb'a Inono*[42] dans la pensée des Ngala-Dwala du Cameroun est tout aussi allusif. Ce

---

[40] « La rouge la noire : le paradigme du pouvoir » in Carbet, collectif *Sciences et civilisations africaines. Hommage à Cheikh Anta Diop*, 1983, p. 123.

[41] Germaine Dieterlen & Marcel Griaule, *Le Renard pâle*, Paris, Institut d'ethnologie, 1966.

[42] Lire Ebele Wéi, *Le paradis perdu. Autopsie d'une culture assassinée*, Douala, 1999, pp. 76-79.

héros mythique hérite des pouvoirs de son père après des épreuves meurtrières à lui infligées par ce dernier. Fort heureusement, les nombreux exploits de *Jeki* finissent par rétablir l'harmonie familiale. Ce mythe illustre aussi l'enjeu du conflit des générations qui guette l'accès au pouvoir dans tout groupe social. La légende, les proverbes, ou les contes en général reprennent l'architectonique du mythe osirien, certes en cassant la lettre. Partout, les conflits existent mais il faut les limiter, voire les conjurer pour que le système ne soit pas définitivement perturbé. Louis-Marie Ongoum, un spécialiste de la littérature camerounaise, souligne s'agissant du conte en général :

> *« Originellement donc, le conte entretient des rapports avec la contestation*[43] *».*

Il y a plus, à savoir une morale à tirer de cette analyse :

> *« Quelles que soient les formes de contestation qu'il recèle, le conte demeure fidèle à ce qui constitue l'une de ses priorités : assurer l'équilibre social. La contestation, un des moyens pour atteindre cet objectif, ne se fait pas pour elle-même. A fortiori, elle ne devient jamais un instrument pour saper les institutions*[44] *».*

Il est même souhaitable, pour ainsi dire, de provoquer le désordre pour anticiper l'ordre à venir. Des rituels de rébellion existent et permettent à des groupes dissidents de migrer pour évacuer des tensions naissantes, mais tout en maintenant les institutions qui sont respectées parce que jugées bonnes par tous.

Les proverbes ne sont pas en reste. Gabriel Kuitche Fonkou écrit à propos de ceux-ci :

---

[43] « Le conte. Contestation et équilibre social » in *Littérature camerounaise. 1. L'éclosion de la parole*, n°99, octobre 1989, Revue du livre : Afrique, Caraïbes, Océan indien, p. 43.

[44] *Idem*, p. 45.

« Le proverbe est reconnu par tous comme l'expression la plus raffinée de la sagesse et comme l'illustration de la maîtrise du langage par son utilisateur[45] *».*

Mais l'enjeu philosophique est presque toujours la conjuration horusienne du désordre séthien et le vitalisme maâtiste du désordre transformé en ordre :

« C'est au travers des proverbes que le juge manifeste la finesse de sa pénétration, son aptitude à rétablir la concorde entre les plaignants et la sagesse de son jugement[46] *».*

Quelle que soit l'orientation acquise par les mythes, les légendes, les épopées, les proverbes et les contes, il est toujours question d'une éthique maâtiste du savoir, avec des épilogues qui conduisent à une fin heureuse. En cela, ils diffèrent et s'opposent sur le plan anthropologique aux mythes occidentaux. Lisons Alain Anselin :

« La nature n'est pas horrible à l'homme, et les figures prométhéennes des mythes africains ne sont pas de simples voleurs de feu "vainqueurs de la nature", mais des organisateurs sociaux autant que des inventeurs de culture, de technologie et de politique[47] *».*

Les mythes africains et leurs dérivés symboliques conservent ainsi l'essentiel de l'enseignement philosophique égyptien, à savoir le fondement maâtiste de la pensée cosmologique. La victoire de *Horus* sur *Seth*, de l'ordre sur le désordre, conserve le cœur de la lettre, *Maât*, comme savoir et méthode organisationnelle du pouvoir et de l'Etat. C'est elle qui unit les "contrastes" organisationnels pour valoriser le projet de *Râ*, à savoir l'existence, et ce, malgré les déterminismes naturels et sociaux. Tant que cette pensée africaine n'a pas rencontré

---

45 *Littérature camerounaise*…, p. 70.

46 *Idem.*

47 *Op. cit.*, p. 137.

les religions révélées, elle a conservé cette pureté maâtiste, organisationnelle.

Les développements récents de la physique moderne témoignent, comme nous allons le voir, du confort de cette pensée mythologique.

2.2. LES APPORTS DE LA PHYSIQUE MODERNE

Le célèbre physicien Fritjof Capra nous éclaire :

« Force et matière, particules et ondes, mouvement et repos, existence et non-existence. Voici quelques-uns des concepts opposés et contradictoires qui sont dépassés en physique moderne. De tous ces couples opposés, le dernier semble être le plus fondamental, et cependant, en physique atomique, nous devons même aller au-delà des concepts d'existence et de non-existence[48] *».*

De la sorte, nos jugements de valeurs deviennent relatifs, voire des notions abstraites. Que signifieraient dans cette optique esprit/matière, vie/mort, etc. ?

Tout cela pousse à reconsidérer ce que seraient la vérité, la réalité, non pas dans leurs aspects signifiants, mais dans les équilibres dynamiques des contrastes. La Vérité manque ainsi d'aplomb sans la non-Vérité, tout comme le Bien ne signifie rien sans le Mal. Ce qui importe, c'est la dynamique du couple, de *Horus/Seth*, telle qu'appréhendée en termes de déséquilibre organisationnel. Ces couples ne sont donc pas égaux et c'est l'inégalité qui entraîne le mouvement.

La physique subatomique admet aujourd'hui que « *les particules sont à la fois destructibles et indestructibles* » et que « *la matière est à la fois continue et discontinue* »,

---

[48] *Le TAO de la physique*, Paris, nouvelle édition complétée Sand, 1985, p. 157.

voire que « *l'énergie et la matière ne sont que différents aspects d'un même phénomène*[49] », d'un même processus. La dynamique espace-temps, devenue un seul et même concept dans la physique moderne, invite à penser la réalité dans une posture relativiste.

En effet, pour Einstein, espace et temps ne sont pas séparés. La quatrième dimension ainsi introduite entraîne aussi une modification des aspects de la réalité perceptible. Dans la pensée africaine, initiatique, ces notions, spirituellement expérimentées, renvoient à des processus dynamiques qui annulent toute considération séparant des objets, ou encore des notions contrastées participant d'une même réalité. L'existence de plus en plus attestée des dimensions supérieures à quatre rend encore la réalité plus complexe et dote les sens d'autres possibilités. Chez les Bassa du Sud – Cameroun par exemple, l'espace-temps constitue un *continuum* désigné par le terme *mbok*.

Par le biais de ce *continuum*, le visible et l'invisible s'interpénètrent. L'Etre y accède à la complexité. Il est lui-même complexité. Celle-ci se traduit par une inter-connexion des niveaux de la réalité, des correspondances, des interrelations, des interdépendances, dès lors que les objets n'y sont pas isolés, séparés, mais constituent des processus dynamiques.

Ces dimensions supplémentaires ainsi envisagées invitent, en dernière analyse, à reconsidérer la connaissance dite intuitive dans ce qu'elle a de pénétrant, certes non formalisable dans le langage linéaire de la pensée classique. Elles nous obligent aussi à suspendre tout jugement de valeur sur les préférences sociales en nous imposant une posture mentale "relativiste" tant

---

[49] *Idem*, p. 152.

qu'aucune source expérimentale ne vient infirmer les faits. Un physicien de renom, Bernard d'Espagnat, affirme ce qui suit :

> « *L'association de l'observation de la nature et d'une activité consciente de l'esprit a des chances de fournir des résultats qui, mystérieusement et de manière bien imparfaite, nous ouvrent des perspectives vers l'être*[50] ».

L'ontologie africaine possède à cet effet, et de manière spécifique, des ressorts culturels tangibles : les actes de sorcellerie, le don d'ubiquité, la télépathie, l'hypnose, les phénomènes de dédoublement, la possession, les processus extatiques, le langage des esprits, etc., rendent compte de la complexité du Réel. Les guérisseurs traditionnels opèrent dans ces dimensions complexes de la personnalité humaine et voyagent "spirituellement", entre existence et non-existence de l'être, mouvement et repos, continu et discontinu, toutes choses qui débordent le cadre de référence de la connaissance rationnelle. Ainsi donc, la pensée africaine modifie le point de vue rigide de l'être conçu dans la pensée classique. L'Etre est complexe, à l'instar de la création elle-même. Cela se comprend et la notion de complémentarité apparaît même essentielle pour appréhender les aspects d'une seule réalité, divisible, peut-être plusieurs fois à l'infini, sans qu'on soit capable d'en épuiser la substance. C'est du reste ce que nous permet de saisir la pensée dynamique et dialectique de *Râ* : celle-ci est en parfaite harmonie avec la physique moderne.

Dès lors, le présent devient infini, éternel et dynamique à la fois. Il comprend le passé et le futur insérés dans la quiétude éternelle de la personnalité humaine. En fait, le temps est et reste où il est, entre vie et mort, par le biais de

---

[50] *A la recherche du réel. Le regard d'un physicien*, 2e édition revue et augmentée, Paris, Gauthier – Villars, 1981, p. 168.

la loi de l'Harmonie universelle. Nous portons en nous l'éternité grâce aux gènes de nos ancêtres mais aussi le futur grâce aux dons exceptionnels de notre cerveau. En raison de la non-séparabilité, nos ancêtres, sont donc là, en nous, entre existence et non-existence, être et non-être :

> *« D'où la série de "règles" à observer pour mériter l'éternité et vivre à jamais la vie des dieux, en compagnie des bienheureux. De ce fait, la mort est dominée et transcendée au nom de la vie. La morale est le chemin qui mène droit à la vie éternelle*[51] *».*

L'effet des "contrastes" a pour ainsi dire une haute portée épistémologique. Dans la philosophie africaine, l'idée de la mort est, finalement, une autre vertu de la vie. Elle nous permet de rencontrer l'éternité :

> *« Les cérémonies funèbres, l'embaumement, les offrandes faites aux morts et aux dieux, les prêtres habilités à porter le manteau en peau de léopard lors de rituels mortuaires, les sarcophages, les inscriptions et figures des tombes, tout cela est imaginé, inventé, accompli pour que le défunt puisse mériter l'éternité, c'est-à-dire se confondre avec l'ordre cosmique, grâce à la pureté corporelle et à la pureté morale : le saint d'Osiris, chef du royaume des Bénis, n'est reçu par le défunt que dans ces conditions de pureté absolue*[52] *».*

La dialectique *Horus/Seth* permet de saisir la portée dialectique du discours sur le Réel. Il est question de maîtriser la méthode philosophique grâce à laquelle cet approfondissement de la vie intérieure se réalise en irradiant de proche en proche toute la collectivité humaine. Bien plus, il s'agit de toute une vision théorique et pratique du monde qui sert l'enjeu de l'organisation sociétale. Il s'y déploie aussi le dépassement du principe antagoniste *Horus/Seth* qui aboutit à la logique complexe du Réel et à celle de l'harmonie universelle.

---

[51] Théophile Obenga, *op. cit.*, p. 179.

[52] *Idem.*

3.
LA LOI DE L'HARMONIE UNIVERSELLE

La nature du Maât

> « Les anciens Egyptiens affirmaient l'existence d'un ordre supérieur, vivant et éternel : Maât, soit la justice-vérité, c'est-à-dire l'ordre cosmique déifié.
>
> Dès lors, la vie intérieure, son approfondissement, sa perfection, sera l'exercice même de l'intelligence ».
>
> Théophile Obenga, *La philosophie africaine de la période pharaonique. 2780-330 avant notre ère*, Paris, l'Harmattan, 1990, p. 179.

La pensée africaine appréhende la Vérité générale de l'Univers aux fins d'y greffer le modèle de l'ordre social, éthique, philosophique et scientifique à réaliser. *Maât* est cette vérité. Elle est la dialectique organisationnelle des principes de l'ordre et du désordre inhérents aux essences fondamentales. Il s'agit par conséquent d'une vérité inférée de l'ordre physique et non celle d'un rationalisme individuel traversé par les passions, les désirs ou les fantasmes des humains. Ici, *Maât* subjugue en une vérité transrelationnelle la victoire de *Horus* sur *Seth.* Théophile Obenga résume la connaissance de cette Vérité ainsi que ses implications philosophiques pour les Africains :

> *« La "Maât" est de l'ordre du "comme il faut", tandis que le Noun l'ordre de "ce à partir de quoi" est advenu le tel qu'il est : le cosmos immense et l'humanité de la planète terre, la structure*

primordiale avec toutes ses nervures essentielles et l'invention de la connaissance de soi qui ne va pas sans celle du devoir[53] ».

Les Africains ont réfléchi sur l'Etre et donné un sens à la vie. Comme le précise Marcien Towa, il y a un enjeu théorique à cela : « *Par là, ils écartent toute idée d'une révélation de toute la vérité qui aurait été proclamée une fois pour toutes et posent la nécessité de la réflexion de la recherche et l'échange d'idées comme seule voie d'accès à la vérité*[54] ».

Maât est pour cette raison de l'ordre d'une intuition rationnelle qui perçoit la totalité énergétique universelle. Il s'agit d'une connaissance qui s'inscrit aussi comme une méthode d'accès à la vérité scientifique en vue de recréer et de pérenniser l'harmonie universelle. Une telle démarche ne requiert pas la venue d'un messie ou prophète détenteur à lui tout seul de la Vérité. Dans l'Afrique traditionnelle, c'est l'esprit qui raisonne et pense la philosophie.

3.1. CONNAISSANCE ET MÉTHODE DE LA PHILOSOPHIE

Connaissance et méthode sont fondues dans un seul et même concept : *Maât.* Un spécialiste de la pensée égyptienne écrit en effet :

---

[53] *Op. cit.*, p. 510.

[54] *L'idée d'une philosophie négro-africaine,* Yaoundé, Editions Clé, 1979, p. 44. Collection Points de vue n°18.

« Maât, c'est donc à la fois l'ordre universel, et l'éthique qui consiste à agir, en toute circonstance, en accord avec la conscience de cet ordre universel[55] *».*

Maât est connaissable, mais il s'agit d'une connaissabilité rationnelle qui éprouve l'univers du vivant en y maîtrisant les forces du désordre. C'est elle qui suggère le bon ordre, la bonne section, la bonne pensée, la disposition éthique de la Vérité. Tous les éléments de la création y améliorent leur solidarité, tout en gardant leurs intégrités respectives. L'Univers devient ainsi participation et l'ordre s'y exprime par le jeu des différences organisées. Si tous ses éléments sont différenciés, prescriptifs, immatriculés et spécifiés, ils ne sont pas pour autant séparés. L'Univers est de ce fait un Tout considéré dans un rapport harmonieux de ses éléments constitutifs et, en même temps, un principe de cohésion qui stimule l'ordre conçu par les dieux et où les rapports sociaux justes et l'esprit de vérité interfèrent dans les actes posés. Une telle approche n'est pas que théorique. Elle se traduit dans les faits sociaux par des institutions légitimées. Louis-Thomas et René Luneau témoignent :

« Cette affirmation constante d'un ordre et d'un équilibre où toute chose semble tenir la place qui lui revient et ne trouve sens que dans sa relation au tout, suppose en dernière analyse une rigueur, une rationalité à laquelle la description ordinaire des phénomènes religieux dans les sociétés traditionnelles ne nous avait pas habitués[56] *».*

C'est que la pensée africaine se veut holiste et intègre la logique systémique de l'Univers. Le profane et le sacré,

---

[55] Georges Posener, en collaboration avec Serge Sauneron et Jean Yoyotte, *Dictionnaire de la civilisation égyptienne*, Paris, Fernand Hazan, 1988, p. 156.

[56] *La terre africaine et ses religions,* Paris, L'harmattan, 1980, p. 130.

le matériel et l'immatériel, le visible et l'invisible procèdent d'une pensée totalisante, globalisante, systémique et complexe. L'ensemble du système se déploie ici comme une combinaison d'éléments interdépendants, en interaction avec leurs antagonismes organisationnels porteurs d'ordre. Si l'Univers est un Tout cohérent, il faut en miner l'ordre pour s'assurer l'éternité sociale et, partant, individuelle.

Ainsi, *Maât* est la connaissance de *ce qui réellement est*, mais aussi une méthode, mieux encore, un matérialisme méthodologique apprécié par tous dans sa disposition éthique. En somme, en plus de connaissance, *Maât* est conçue comme la voie, le chemin donnant accès à la quête de la Vérité de la nature, en fin de compte indépassable. L'homme qui est un produit de la nature ne saurait en dépasser l'intelligibilité. La nature n'appartient pas pour cette raison à l'homme. C'est l'homme qui appartient à la nature.

De la sorte, la philosophie maâtiste intègre toutes les branches de la connaissance. Elle a pour objet le Réel, la Totalité de l'existence, la pensée de l'absolu. Théophile Obenga souligne cette conception totale de la science en ses diverses composantes disciplinaires :

> *« cosmogenèse, divination, médecine, sciences divines, sciences humaines et sociales, bref toutes les connaissances théoriques et empiriques, fondamentales et appliquées, tout cela fait partie, au même titre de la vie intellectuelle, et tout cela est uni, de l'intérieur, pour former une vue d'ensemble sur le Réel : une vue d'ensemble holistique, systémique, intégrant toutes les manifestations de la nature, les connaissances, toutes les sciences de nature, de la société et de l'homme*[57] *».*

---

[57] *Op. cit.*, pp. 101-102.

Connaissant l'audace réflexive des penseurs égyptiens, on ne peut être surpris par cette formulation illustrante du titre d'un ouvrage mathématique écrit par un penseur égyptien qui promeut l'équation de l'Univers en une méthode de résolution mathématique de tout savoir :

> *« Méthode correcte d'investigation dans la nature pour connaître tout ce qui existe, chaque mystère, tous les secrets*[58] *».*

Iahmesse, le célèbre "matheux" égyptien, justifie ainsi l'enjeu mathématique des savoirs. Descartes n'aura donc pas été le premier à exposer une méthode d'accès expérimentale et théorique au savoir. Les savants égyptiens ont mathématisé *Maât* allant jusqu'à l'investir dans les pyramides[59] par le biais de la topologie du nombre d'or et de son angle (cf. spirale en annexe). Tout part pour ainsi dire de l'unité primordiale de la valeur et tout finit avec celle-ci. Le Réel dévoile, en d'autres termes, un Sens, celui de la cosmo-objectivité inscrite dans l'ordre de la nature. L'homme, historiquement situé, y saisit sa responsabilité, à savoir appréhender le Sens, puis l'intégrer dans la vie et la science, y pérenniser l'esprit du divin. Aussi les connaissances sont-elles initiatiques car relevant du sacré, de la valeur. Hampaté Bâ explique en effet :

> *« Et quand nous parlons de "sciences initiatiques" ou "occultes", termes qui peuvent dérouter le rationaliste, il s'agit toujours, pour l'Afrique traditionnelle, d'une science éminemment pratique consistant à savoir entrer en relation appropriée avec les forces*

[58] Traduction de Théophile Obenga, Papyrus Rhind de T. Eric Peet, Londres, *op. cit.*, pp. 357-358.

[59] Lire Max Toth & Greg Nielsen, *Pyramid power. The secret energy of the ancients reveals*, New York, Destiny Books, p. 100.

qui sous-tendent le monde visible et qui peuvent être mises au service de la vie[60] ».

Il y a là un effet de résonance sémantique de l'efficience pharaonique et négro-africaine, en termes de connaissance et de méthode pour serrer de près la nature du Sens aux fins de l'intégrer dans la culture.

Dans la pensée égyptienne, il ne fait pas de doute que la connaissance est mathématique, mais ramenée à un exercice de méthode. Il s'agit d'une méthode mathématique ou tout au moins d'une méthode rationalisable dans l'esprit de finesse, proche de la géométrie. Parce qu'elle est éthique, logique et Vérité, il faut, dès lors, que l'esprit de cette méthode soit prolongé dans l'organisation de la société globale. Dans la quête de la vérité maâtiste, il est en somme question d'un ordre de propositions construites par une chaîne de raisons susceptibles de réaliser l'équilibre de toutes les idéalités matérielles et immatérielles. La nécessité s'est fait sentir de coordonner les efforts par la discussion et l'interrogation mûries. L'enjeu, c'est bien de lier, en produisant un ordre conforme à la Vérité, mais en termes de participation, de complémentarité et d'équilibre du Tout. Dans la pensée égyptienne, l'Ordre est capital et maintenu par *Horus* dont le représentant est le pharaon, le hiérarque. Celui-ci est chargé de veiller à la réalisation de *Maât* en toutes choses de manière à y maintenir l'éternité sociale. Si l'Ordre initiatique égyptien renvoie à la connaissance des vérités scientifiques, expérimentables, mais aussi invisibles ou occultes, cet Ordre tente aussi de faire en sorte que la société organisée conjure les

---

60 « La tradition vivante » in *Histoire générale de l'Afrique. Méthodologie et préhistoire africaine*, Jeune Afrique/Stock/UNESCO, 1980. Directeur de volume : J. Ki-Zerbo.

déséquilibres sociaux. Sa problématique est liée à deux statuts épistémologiques complémentaires que leurs méthodes respectives renvoient à une tension vers la complétude, *Maât*, Valeur absolue. Là, *Maât* est démonstrative, ici *Maât* est éthique, justesse, équilibre des étants. *Maât* devient dès lors la Norme ; c'est elle qui gouverne. Elle est la Règle et la souveraineté de la Règle établie dans sa manière la plus simplifiée à savoir la victoire de *Horus* sur *Seth*, c'est-à-dire la raison objectivée de ce qui est souhaitable pour que la vie sur terre soit bonne et agréable pour tous.

Maât est la magistrale proposition de régulation politique et socio-écologique inférée de l'observation de l'Univers et de la connaissance de ses lois. Aussi polarise-t-elle l'attention ontologique en ce qu'elle est scientifiquement connaissable. En droit, elle devient justesse des solutions, en morale, honnêteté dans les rapports sociaux. Elle organise les institutions et les rationalise conséquemment. Le point de départ de l'harmonie sociale est du reste donné par le mythe que *Maât* intègre. Celle-ci nous fournit par ce biais une connaissance certaine donnée par l'expérience, à partir de l'observation minutieuse de la nature et de ses lois reconverties dans les rapports sociaux et politiques.

Maât, la Loi de la Valeur, est connue depuis l'Égypte ancienne et est présente dans la nature ; elle a été introduite dans la maîtrise de la science et de la géométrie. Les sages africains la connaissent et l'ont intégrée dans les constructions des pyramides. Elle a récemment fait l'objet d'analyses valorisantes dans la maîtrise de la croissance des organismes végétaux (élodée, marguerite, magnolia) et des animaux (coquille de nautile). Chez Pythagore, elle a servi à élaborer l'harmonie musicale, puis à spéculer en astronomie et en architecture. Elle est présente dans l'esthétique de la forme de Léonard de Vinci. Elle se retrouve dans le nombre de Phidias et la série de Fibonacci en mathématiques. Entrevoyons de près la manière dont cette réalité est intégrée à la vie sociale et politique.

3.2. LA DIMENSION ETHICO-SOCIALE DE MAÂT

Maât, rappelons-le, est à la fois un rapport de proportion entre deux grandeurs et un esprit d'équité entre deux notions opposables (*Horus/Seth*). Elle est éthique et méthode, d'une rigueur comparable à celle des géomètres qui connaissent les rapports d'ordre et de mesure. Dans son expression, elle met en mouvement la rigueur philosophico-éthique en ses rapports analytiques purement conçus comme deux aspects d'une même réalité, à savoir l'acte de penser la vérité du monde en termes de rapports d'équité ou de rapports de proportion. Ces rapports procèdent d'un ordre (*Râ* crée successivement les dieux, les minéraux, les végétaux, les animaux et les hommes par exemple). A l'intérieur de cet ordre s'organisent des rapports d'intelligence, de mesure, de pesée, de poids dans cette tension des notions opposables pour situer le lieu géométrique de la proportionnalité à réaliser. Le paradigme judiciaire procède par exemple de la proportionnalité relative accordée aux fautes des protagonistes, au rapport "pesé" des conséquences engendrées par leurs actes. Or ce rapport débouche nécessairement sur une asymétrie fondationnelle, dès lors que les choses sont constituées différemment, c'est-à-dire conjuguent des processus différents, des grandeurs différentes, des qualités différentes. Ainsi, la logique analytique entre en résonance avec la "méthode", puisqu'il est question d'une mathématique (justesse) des rapports entre des choses comparables et apparemment contrastées, catégorisées, compartimentées. L'ordre social est volontairement suivi, parce que connaissable par les initiés, mais aussi par tout esprit logique et lucide, d'un point de vue intuitionnel et rationnel. De cette façon, qu'elle soit diachronique ou postchronique, la recherche de la sagesse prend de la valeur grâce à cette formalisation précautionneuse de la raison mythologique, avec un contrôle et un suivi menant à une certitude théorique. D'un point de vue synchronique, les Africains établissent de manière consensuelle une vérité (la palabre africaine) qui reprend la pensée mythique pour la transcender. Cette méthode procure une sécurité épistémologique en ce qu'elle sollicite le point de vue de tous, dans une résonance topologique de phases qui prend à témoin le mythe éprouvé. La conclusion est collective, après argumentaire et délibération. Même *Râ*, Dieu suprême, ne prend pas de décisions. Le mythe d'Osiris montre qu'une assemblée est convoquée : chaque dieu y donne son avis. Il y a ainsi participation, argumentaire, et délibération par consensus. La pratique philosophique n'est donc pas individuelle. Elle prend ici une expression collective, ce qui fait dire à Théophile Obenga que :

> *« La palabre africaine est ainsi toute une méthode philosophique, et ses racines sont profondes, engendrant la paix et la beauté*[61] *».*

La justice égyptienne reproduit, point par point, celle des dieux. Le philosophe Marcien Towa l'a bien perçu, lui qui écrit :

> *« Le Dieu – Soleil, appelé aussi Rê ou Atoum, ne dicte pas sa volonté, il dirige seulement les délibérations du collège des Dieux. Sa position sera d'ailleurs rejetée puisqu'il soutenait Seth,*

[61] *Op. cit.*, p. 147.

contrairement aux autres Dieux notamment Thoth, gardien du droit et de l'équité[62] ».

Il en est de même de la pensée humaine qui reprend celle des Dieux. Le roi ne décide pas. Il argumente ses propos en fonction de l'opinion de ses conseillers. Et en bon philosophe, il se plie aux arguments de vérité. Marcien Towa ajoute en substance :

« Ce qui fait la divinité d'un Dieu, ce n'est pas tant l'omniscience, ou la toute puissance, mais avant tout le respect de la Maât, c'est-à-dire de la vérité et de la justice. Et Seth lui-même a prouvé en reconnaissant finalement la Maât et en s'inclinant devant elle quoique avec beaucoup d'efforts.[63] »

Maât est donnée, en fin de compte, comme un postulat de valeur. Tout le monde en connaît le cadre de référence ontologique, cosmo-objectif. Une fois acceptée, tout ce qui en est déduit devient démonstratif. Aussi est-elle réellement universelle. *Maât* a par conséquent une vocation transdisciplinaire car applicable à la morale, au droit, à l'économie, et à la science en général. Elle part de la Totalité pour saisir le singulier et s'oppose à la méthode cartésienne qui saisit d'abord le singulier avant d'appréhender la Totalité. Le présupposé méthodologique africain est donc *Maât*. En même temps, il dessine un présupposé épistémologique qui organise la manière de démontrer, par le biais d'un ordre de propositions, d'un ordre géométrique, applicable à la régulation des sociétés.

La société politique africaine constitue ainsi un système unitaire en ses nervures disposées en sous-systèmes selon l'échelle de l'Etat, à savoir les clans disposant d'une chefferie, l'ensemble des chefferies constituant un royaume, et la totalité des royaumes un empire. A l'instar

---

[62] *Op. cit.*, p. 31.

[63] *Idem.*

des systèmes vivants, la hiérarchisation est pyramidale et se complexifie par densification des unités de base différenciées et constitutives. L'individu n'a pas pour interlocuteur direct l'Etat. Il s'efface au profit du groupe social disposant d'un chef légitime qui lui-même appartient à un ordre politique qui transcende sa structure de base selon une disposition fractale, d'autosimilarité.

Les diverses unités politiques constitutives de l'ordre étatique sont en tout état de cause liées par *Maât*, la Norme, la Valeur. C'est sur elle que veille *Horus* par l'intermédiaire du roi. Celui-ci doit vaincre les forces du désordre, de l'injustice, de la violence, vaincre *Seth*. A tous les niveaux politiques de l'Etat existent d'autres rois ou hiérarques légitimes qui, à leurs propres niveaux, appliquent et veillent sur *Maât*. Le couple *Horus/Seth* fonde partout en Afrique le principe organisationnel du pouvoir. L'un et l'autre doivent exister pour permettre à la société de se densifier, de mieux s'organiser. Mais en termes de proportion, le premier doit peser un peu plus pour engager le mouvement. Aussi ce couple suggère-t-il que l'organisation, pour devenir complexe, engage une quantité de forces contraires, tensionnelles qui, tout en maintenant un seuil de différences et de propriétés contrastées, se neutralisent en favorisant une organisation transcendant les forces en jeu. La complexité de l'Etat naît de cette épreuve horusienne.

La victoire de *Horus* sur *Seth* montre que si le conflit est présent dans une société donnée, les forces du désordre ne doivent pas pour autant entraîner l'anomie, la mort de la société. La sagesse commande un rapport d'ordre, en termes de proportion et d'équité pour favoriser l'émergence de la complexité sociale. Cette victoire symbolise, pour ainsi dire, l'équilibre asymétrique des forces surimposées, dans cet effort permanent de contrôle de l'ordre dont se sert le monarque pour conjurer les crises. Cet effort implique alors une identité/différence des personnes et des groupes sociaux constituant la société politique. Il y suscite des effets antagonistes, avec des rétrocontrôles, des contraintes et des similarités permettant d'ajuster le Tout politique, en termes de pouvoir et de contrepouvoir, de droit et de devoir, d'avantage et de compensation, etc. La société, toujours menacée d'entropie, doit subir ces mécanismes de réajustement, conformes aux effets de la finalité, *Maât*. Georges Balandier analyse les rituels de maîtrise du désordre en Afrique :

> *« Par delà leur multiplicité, les procédés de re-création et de remise à neuf possèdent un caractère commun : ils opèrent en même temps sur l'univers social et sur la nature, ils ont pour acteurs les hommes et leurs dieux. En provoquant l'irruption du sacré, et en rétablissant dans l'agitation et l'abondance une sorte de chaos originel, qui renvoie au moment de la première création, la fête apparaît comme l'une des plus complètes de ces entreprises rénovatrices*[64] *».*

Mythes et rites investissent la société par le biais du sacré, de l'antagonisme organisationnel et de l'intégrité culturelle et morale du système politique global. Ils fonctionnent par rétroaction en mobilisant le Réel aux fins de maintenir constant et stable l'ensemble social. La complémentarité fonctionnelle des groupes sociaux organise dès lors un lien cybernétique de contrôle et de régulation au niveau des individus et des groupes sociaux :

> *« Les rituels et l'enseignement prescrits par l'initiation qui conditionne l'accès à la plénitude, et à la pleine "citoyenneté", visent généralement le même but ; la société restaure ses propres*

[64] *Anthropologie politique*, 4e édition Quadrige / PUF, 1999, p. 130.

structures, et l'ordre du monde au sein duquel elle s'inscrit, en s'ouvrant à une génération nouvelle[65] *»*.

A l'éternité cosmique établie, doit donc coïncider l'éternité sociale. L'enjeu, c'est le maintien de l'existence par le biais du sacré comme le souligne si bien le célèbre sociologue Jean Ziegler :

> *« On pourrait dire : grâce aux initiés, l'univers s'éprouve vivant ou, en d'autres termes, la fonction unique de l'action et de la présence des hommes est de maintenir la vie sur terre*[66] *»*.

A l'instar du Dieu – soleil, *Râ*, les souverains doivent réguler l'ordre social horusien en conjurant les forces du désordre, en produisant la vie. L'injustice, l'immoralité, le désordre, la violence, les inégalités sociales, la pauvreté, la disharmonie familiale, etc., ne sont pas porteurs d'ordre. Aussi *Maât* condense-t-elle l'équilibre social, mais aussi l'édification de soi, de la personnalité et de l'individualité humaine.

3.3. MAAT ET LA FELICITE ETERNELLE

Maât est une voie d'accès à l'édification de soi dans la mesure où elle harmonise le Tout ordonné dans la collectivité. Elle prescrit des règles de vie et de savoir-vivre, c'est-à-dire des principes moraux qui font office de principes de Justice, de Vérité et de Vérité-Justice.

Ces principes moraux, répartis en 42 commandements en Egypte, constituent un code de vertus cardinales qui ne procèdent pas de la révélation, à l'instar de la Loi de Moïse. La culture égyptienne affirme par conséquent

---

[65] *Idem.*

[66] *Les vivants et la mort.* Essai de sociologie, Paris, Editions du seuil, 1975, p. 91.

l'existence de 42 commandements, et la grande force du modèle religieux africain en général, c'est l'introduction dans les institutions politiques de la théorie de l'amour reprise par le Christ à la suite de Moïse. Sur ce point précis, l'Afrique ne saurait recevoir de qui que ce soit quelque enseignement digne d'intérêt. Ces 42 commandements correspondent à autant de dieux présents dans le tribunal en vue de rendre la justice. C'est dire que *Osiris* n'est pas seul à exercer le pouvoir et le défunt connaît tous les dieux qui siègent avec *Maât*. Voici ce qu'il dit au tribunal :

> *« Salut à toi, dieu grand, maître des deux Maât ! Je suis venu vers toi, (ô) mon maître, ayant été amené, pour voir ta beauté. Je te connais et je connais ton nom ; je connais le nom de ces quarante-deux qui sont avec toi dans cette salle des deux Maât, qui vivent de la garde des péchés et s'abreuvent de leur sang le jour de l'évaluation des qualités devant Ounnefer*[67] *».*

Le défunt ne vit aucune angoisse existentielle. Il apparaît serein lorsqu'il ajoute : *« Je suis pur, je suis pur, je suis pur, je suis pur !*[68] ». Il est persuadé que sa vie a été conforme aux quarante-deux préceptes moraux qui sont aussi des préceptes de Vérité et de Justice (deux *Maât*). Il montre ainsi que, de son vivant, il a réalisé l'équité, la justesse, conformément à la balance de la proportionnalité.

Maât offre donc à l'âme humaine une félicité éternelle. Pas d'angoisse pour le défunt, mais aussi pour les vivants qui savent que ce dernier sera accueilli par les Ancêtres et intégré. « Les morts ne sont pas morts ! ». Mieux, ils sont sollicités par un au-delà accueillant. On peut noter ici la beauté de ces quelques vers que le défunt oppose à la finitude de l'enveloppe corporelle périssable :

---

[67] Théophile Obenga, *op. cit.* p.174.

[68] *Idem, p.175.*

« La mort est devant moi aujourd'hui
(comme) un homme malade qui recouvre la santé
Comme la sortie au-dehors après une détention.
La mort est devant moi aujourd'hui
Comme l'odeur de la myrrhe
Comme le fait de s'asseoir sous la voile, un jour de vent.
La mort est devant moi aujourd'hui
Comme l'odeur du lotus
Comme le fait de s'asseoir sur la rivière de l'ivresse.
La mort est devant moi aujourd'hui
Comme un chemin familier
Comme l'homme qui s'en revient de guerre vers sa maison.
La mort est devant moi aujourd'hui
Comme le ciel qui se dévoile
Comme l'homme qui découvre ce qu'il ne savait pas.
La mort est devant moi aujourd'hui
Comme lorsque l'homme désire voir sa maison
Après qu'il ait passé de nombreuses années en captivité[69] *».*

Au vrai, la société africaine ne connaît pas un salut individuel (comme les religions dites révélées), mais engage un salut collectif à travers un mode d'organisation communautariste dont les institutions préparent le nivellement des *ego* déviationnistes, mais aussi l'accession à la beauté et à la plénitude éternelle pour tous et chacun. Les autres philosophies politiques sont, dès lors, mises au défi de montrer qu'elles ont atteint un tel but, en théorie et en pratique.

Il s'agit là, bien entendu, de la visée philosophique de la société traditionnelle, de l'Egypte ancienne à nos jours. Malheureusement, celle-ci est confrontée depuis bientôt quatre siècles à une modernité contre nature, car orientée

---

[69] *Ibidem*, p.190.

par les présupposés épistémologiques islamo-peuls et judéo-chrétiens dont elle a du mal à se défaire pour penser autrement son destin historique. L'enjeu, c'est de reformater ici et maintenant les institutions dominantes sans grand rapport avec son héritage culturel et la portée épistémologique de son discours sur l'Etre.

II

LE STATUT ET LA PORTÉE EPISTEMOLOGIQUES DE LA MÉTHODE AFRICAINE

L'éminent philosophe Herbert Marcuse écrit à propos de la méthode philosophique :

> « *Si l'homme a appris à voir et à connaître ce qui réellement "est", il agira en accord avec la vérité. L'épistémologie est éthique par elle-même et l'éthique est épistémologie*[70] ».

Parce qu'il en est ainsi, nous sommes fondés à penser la philosophie africaine comme l'une des plus cohérentes et pertinentes qui soient, dès lors que ses mythes rencontrent la science dans la quête du Réel, de ce qui *est*, de l'ontologie.

Or cette méthode philosophique est assiégée depuis près de cinq siècles par les traditions épistémologiques islamo-peules et judéo-chrétiennes.

En tant que pensée du Réel, toute philosophie développe une méthode qui donne sens à la pratique sociale, l'éclaire et l'oriente. Dans la voie d'une réalisation des fins désirables, chaque groupe social vit et pratique la philosophie, certes à des degrés divers en fonction du milieu, de l'histoire et du niveau de civilisation atteint. En cela, discuter pour ainsi dire de l'existence ou de la non-existence d'une philosophie africaine est un faux débat.

La dignité de l'initiative philosophique ne réside donc pas dans la manifestation de la démarche épistémologique. Le problème qui se pose est celui d'en prétexter, *a priori,* une certaine objectivité et une pertinence sans des certitudes ontologiques connues de tous, contrôlables et objectivables.

L'honnêteté et la liberté du sujet pensant exigent dès lors une formulation claire de la méthode et de sa valeur

---

70 *L'homme unidimensionnel. Essai sur l'idéologie de la société industrielle avancée*, traduit de l'anglais par Monique Wittig et l'auteur, Paris, les éditions de Minuit, 1968, p. 149.

ontologique pour lever toute ambiguïté sur la signification, le suivi et l'évolution des analyses. Sur cette base, nous voudrions effectuer une évaluation comparée des résultats, des performances théoriques et des pratiques atteintes par les méthodes africaine et occidentale et, ce faisant, tirer toutes les conséquences de nature à favoriser l'essor d'une épistémologie moderne qui soit à la hauteur des développements récents de la science, mais aussi des enjeux du développement durable attendu par notre humanitude en crise. Dans cet ordre d'idées, nous examinerons successivement :

1. La praxéologie philosophique africaine
2. La problématique d'une version moderne de la méthode africaine.

4.
LA PRAXÉOLOGIE PHILOSOPHIQUE AFRICAINE

> « *Maât* est une notion capitale dans la philosophie pharaonique : elle implique l'ordre, l'équilibre du monde, l'ordonnancement cosmique, la justice, la vérité, la justice-vérité, la rectitude, la droiture morale. La notion d'ordre et d'équilibre est le fond permanent de la civilisation pharaonique ».
>
> Théophile Obenga, *La philosophie africaine de la période pharaonique. 2780-330 avant notre ère,* Paris, L'harmattan, 1990, p.156.

La société africaine globale, d'essence communautariste, a développé une méthode philosophique connue de tous, *Maât,* applicable à tous les domaines de la connaissance. Nous avons suffisamment développé ces aspects dans les pages précédentes. Nous notons simplement que cette essence contribue à véhiculer l'apparence d'un unanimisme trompeur, d'une pensée sans un fonds expositoire dialectique. C'est malheureusement mal comprendre l'enjeu de cette pulsion rhétorique où le mythe fonctionne comme un postulat ne demandant qu'à être éprouvé. Cette dialectique suggère en effet une réalité mouvante, exsudant la prégnance des idées définitivement acquises, même en l'absence d'une écriture formalisée.

Les Africains ont de tout temps eu une écriture certes confinée dans bien des cas aux cercles confrériques, mais s'affranchissant selon le niveau de civilisation de la pesanteur du sacré. L'Egypte pharaonique et le Mali du

Moyen-Age témoignent d'une telle évolution, somme toute naturelle, car liée aux activités administratives avec ce besoin de conservation de la mémoire archivistique, entre grandeur et misère de l'écrit.

Du temps des Egyptiens anciens, il a été perçu l'enjeu psychologique du caractère dogmatique de l'écrit. Celui-ci contribue en effet à instituer et à institutionnaliser la pensée au point où le risque d'une dérive de la raison survient lorsqu'il s'agit d'une pensée prétendant fixer la vérité, à l'instar de la foi. De plus, les Egyptiens ne signaient pas leurs œuvres considérées comme un don divin, celui de *Thoth Djehouti*. Aussi s'effaçaient-ils devant leurs contributions au nom des écoles de pensée religieuse auxquelles ils appartenaient. Il faut, en fait, poursuivre la réflexion. Les Africains n'ont jamais pensé que "philosopher", dans le sens de réfléchir, critiquer, peser le pour ou le contre des choses, bref penser le monde et penser la raison, constitue en soi une convenance personnelle détachée de l'esprit communautaire. Le savoir, transmis de génération en génération, avec un certain mobilisme et une fiabilité épistémologiques relativement satisfaisants, appartient à tous et à chacun. Cependant, il colporte une valeur et une charge symboliques dans la voix de l'initié ; celle-ci est donc légitimée, activée, relativement à cette distance initiatique cadrant avec la pensée de tous, car transcendante. Tel est son enjeu social sans lequel, ce savoir devient éthéré, imperceptible, car hors de l'humus des réalités faites pour servir l'homme et son divin bonheur. C'est dire que la philosophie est centrée sur l'homme, sur sa capacité à restituer dans le vécu et dans la réalité institutionnelle la vérité. Toute vraie philosophie n'a de sens que parce que l'existence humaine se l'approprie[71].

Le danger de l'écriture, c'est précisément qu'elle peut fixer la raison, voire la subvertir dans une conscience intellectuelle appauvrie, peu éduquée et peu subtile, et même y déclencher des "catastrophes" comme nous le montre l'histoire exsangue des religions dites "révélées". Sur ce point précis, on peut apprécier les vertus de l'oraliture et sa symbolique, toutes paraphées à une réalité mouvante dont on saisit les enjeux du social cadrés dans la dialectique philosophique de l'histoire, une histoire avant tout ontologique, anthropologique.

Dans la pensée occidentale, philosopher est devenu une convenance personnelle née d'un rationalisme individuel, anthropologique, tel que formalisé dans la méthode cartésienne. L'égocentrisme marqué du "Je" y a formulé un gauchissement de la raison certes porteuse dans l'histoire des grandes mutations scientifiques enregistrées, mais aussi des nombreux désastres sociaux et des illusions scientifiques.

Pour saisir de façon pénétrante l'enjeu de cette opposition des méthodes philosophiques africaine et occidentale, il faudrait s'en remettre aux processus cognitifs régulant leurs modes d'appréhension du Réel, la première, d'ordre holistique et systémique et la deuxième d'ordre atomistique et réductionniste.

La philosophie africaine a une longue tradition du matérialisme méthodologique remontant à l'époque pharaonique. Cette philosophie a un objet, une méthode et une pratique tous éprouvés, de l'Antiquité à nos jours, dans les cultures relativement conservées ou initiatiques.

[71] Herbert Marcuse, *Philosophie et révolution*, Paris, Denoël/Gonthier, 1969, p. 125.

Examinons chacun de ces aspects. Mais avant de poursuivre, reprenons en synthèse l'armature conceptuelle de cette pensée cosmologique.

L'architectonique de la pensée mythique dévoile dans son ensemble trois paliers ontologiques du Réel :

1. Le méta-univers et/ou l'univers en leurs aspects fonctionnels :

    1.1. Le non-structuré, l'indifférencié, (le *Noun*, le *Nommo*, le *Tano*, le *Dane sandyi*, *yereyereti*, etc.), la Matière primordiale ;

    1.2. La bipolarité des essences fondamentales (*Râ-Atoum, Horus-Seth*) contraste d'une seule et même réalité fondamentale qui renvoie à être/non-être, existence/non-existence, énergie/matière, etc. ;

2. L'Œuf cosmique ;

3. Les propriétés essentielles du Réel relationnel et systémique :

    3.1. La discriminalité des formes par la loi de transformation de la matière (*Kheper*) depuis les dieux, les êtres biologiques jusqu'à l'homme ;

    3.2. La dynamique espace-temps (la posture relativiste) ;

    3.3. La liaison maâtiste des entités (victoire d'*Horus* sur *Seth*), donc le primat de la valeur, *Maât* ;

    3.4. L'interdépendance et l'autonomie des entités hiérarchisées déployant chacune le primat de la valeur, *Maât* ;

    3.5. Le visible et l'invisible dans les dimensions perceptives de la réalité.

Tous ces niveaux trouvent leur assise dans la régulation sociopolitique et écologique. C'est de ces niveaux que l'Africain tire sa Vérité sur la vie, sur le Sens de son comportement moral, individuel et collectif.

4.1. L'OBJET DE LA PHILOSOPHIE AFRICAINE

Pour saisir de manière convenable l'objet de la philosophie africaine, apprécions tour à tour le triple point de vue ontologique, axiologique et téléologique de l'objet du questionnement philosophique en Afrique.

L'ontologie : Le *"pourquoi"* et le *"comment"* des choses ont été appréhendés, avec leurs contenu et parole *ontologiques.* A partir du *Noun* s'est imposé le temps de notre Univers dans lequel est inscrite la Vérité générale de la nature. La théorie africaine du Réel élucide en effet l'ordre et la connaissance des choses, de la réalité invisible à la réalité visible. La Vérité n'est pas révélée. Elle est de l'ordre des raisons en quête du savoir, de l'observation de la nature et de ses lois. C'est un savoir pratique, critique, ordiné, qui débouche sur la dialectique de l'Un et du Multiple, de l'Espace-temps, de l'Etre et du Néant, bref de la Matière avant et après le mouvement. Il s'agit bien d'une conception authentique du Réel rendue rationnelle par le sujet humain face à l'étonnement et à l'interrogation. La question ontologique y est réglée par le biais des mythes cosmologiques et débouche sur une axiologie fondatrice du savoir, mieux, de la connaissance.

L'axiologie : Il s'agit ici des valeurs, des règles et des normes ayant régi l'action et l'existence individuelles dans la société africaine au regard de ce qui *est.* La déduction réflexive est logique et se déploie dans le vécu quotidien. A partir de l'expérimental mythico-scientifique s'organise l'expérientiel selon une direction maâtiste. L'existence est pensée et conçue d'après une modalité cosmologique qui harmonise l'existence individuelle, la société et le cosmos tout entier, visible et invisible. Aussi la société a-t-elle institué et institutionnalisé *Maât,* la norme universelle. C'est elle qui régit l'action humaine, l'existence individuelle et sociale, qui justifie l'ordre moral et la philosophie politique, mais aussi l'équilibre socio-écologique. *Maât* est Vérité – Justice, connaissance de ce qui est bien (*éthique*), beau (*esthétique*) et vrai (*logique*). Au contenu ontologique de *Râ* correspond ainsi une direction, une philosophie du bonheur qui engage l'éternité sociale saisie en écho d'une éternité cosmique. *Maât* est indépassable. En tant que conscience de l'Ordre universel, elle introduit aussi la question du Sens à donner à notre existence. Elle est, pour cette raison, savoir, méthode et valeur organisant le point de vue téléologique.

La téléologie : L'Africain a pensé l'être, la vie, la mort et en a dégagé la notion d'immortalité. Pas d'angoisse méta-physique, mais toujours s'impose une posture optimiste découlant de la réalité elle-même, éternelle, organisée par changements d'états de la dialectique matière/esprit. Si *Maât* mime, de manière allusive, l'ordre cosmique, c'est bien pour s'identifier à la fonction mystérique de la vie, en saisir le protocole. Parce que l'Univers est participation, complémentarité, se reproduit la félicité primordiale de la création qui, elle, poursuit un but : le projet d'exister, *ankh,* c'est-à-dire "vie", en égyptien ancien (cf. spirale en annexe).

Aux questions « qu'est-ce que le monde ? Est-il éternel ou périssable ? D'où vient-il ? Qui l'aurait créé et comment a-t-il été créé ? Qui suis-je ? Que puis-je attendre ? Que dois-je faire ? », la mythologie africaine a apporté des réponses éclatantes à classer dans les catégories philosophiques tels la loi de contradiction d'Héraclite, le principe des nombres de Pythagore, la dialectique de Zénon, les atomes intelligibles et le vide de

Démocrite, la discussion méthodique des sophistes, le dialogue de Platon et sa maîtrise du sens, voire le raisonnement déductif rigoureux d'Aristote sans oublier les apports récents de la pensée de la complexité que nous revisitons à la fin de cette contribution.

Trois grandes directions de recherche s'offrent ainsi aux philosophes africains : la première concerne l'histoire de la philosophie africaine, la deuxième sollicite une interdisciplinarité pour y résoudre des problèmes relevant de la philosophie herméneutique, la troisième requiert la philosophie maâtiste pour y envisager des problématiques épistémologiques nouvelles.

Les grandes avancées de la philosophie ont été produites à l'occasion des changements de paradigme scientifique. Celui de la science de la complexité offre désormais des arguments de nature à rendre compte de la méthode philosophique africaine et de sa pertinence.

4.2. LE SYSTÈME DISCURSIF DE LA MÉTHODE AFRICAINE

La Loi de l'Harmonie universelle, de la Valeur et de la Norme suprême, *Maât*, est en fait conscience de l'Ordre universel[72]. Il s'agit aussi d'une méthode procédant de la raison raisonnante « *connue et applicable à des situations concrètes*[73] ». *Maât*, nous l'avons dit, est à la fois art de géométrie, art de justesse et art de finesse, mais aussi code de vertus organisant la société. En somme « *pour le roi devoir de maintenir et de restaurer dans la vie sociale*

---

[72] Ce qui *est* a été entrevu dans la première partie. Lire plus précisément le thème 3 relatif à *La Loi de l'Harmonie universelle.*

[73] Marcien Towa, *L'idée d'une philosophie négro-africaine*, Yaoundé, Editions Clé, 1979, p. 29.

l'ordre, la justice, le droit ; pour le particulier,devoir de respecter la justice et l'honnêteté dans les rapports avec autrui ou comme effort de contrôle de ses propres passions pour acquérir la maîtrise de soi et la bonté. La Maât se présente comme une valeur fondamentale, et non comme un code précis et détaillé descendu du ciel à l'instar de la Loi mosaïque[74] ».

Nous voudrions examiner l'enjeu discursif et le module symbolique de son expression, en considérant à titre promotionnel l'étude d'un cas bien analysé, celui du proverbe.

A. Le cadre théorique de la méthode[75]

Maât est l'Harmonie universelle de l'ordre du « *comme il faut* » à partir de ce qui *est*, au sens de Théophile Obenga, c'est-à-dire cette harmonie disposée dans l'ordre projeté par *Râ,* en rapport avec les propriétés intrinsèques de la matière. Aussi connaissant les qualités premières de ce postulat de valeur cosmo-objectif, il s'agit pour les philosophes et sages africains, à titre démonstratif, que le raisonnement tende vers une complétude qui structure l'équité, la justice, la vérité, le beau, le bien, le vrai. Il est question avant tout d'une raison ontologique, vécue, concrète, transcendante, indispensable au maintien en équilibre et en ordre des entités à la fois abstraites, idéelles et réelles.

Au niveau analytique, *Maât* se déploie comme une réalité mouvante, une dynamique en spirale qui évolue

---

[74] *Idem.*

[75] Nous poursuivons ici l'analyse effectuée dans le thème 3.2 relatif à *Maât* en tant que Loi de l'Harmonie universelle. Nous montrons comment, en tant que méthode, *Maât* y conduit.

vers le point apical de la vérité. *Maât* procède des idéalités contrastées et de leur dialectique synthétique, à l'instar de la trilogie organisationnelle père – mère - fils, *Osiris – Isis - Horus*[76]. La réalité statique et réalité dynamique sont, pour cette raison, deux aspects de la même valeur, *Maât*. Sur le plan linéaire, *Maât* prend la configuration d'un lieu géométrique, c'est-à-dire d'une direction obtenue par opposition de deux grandeurs vectorielles non égales : justesse du jugement rendu en équilibre symbolique entre le cœur du défunt et la plume de l'autre sur la balance du jugement osirien. *Maât* est sur ce plan une proposition indépassable, inférée de l'Ordre de l'Univers, d'un Univers dynamique parce que inhomogène dans l'opposition des essences dont le déséquilibre organisationnel entraîne le mouvement spiralé, celui de *Maât*. Dans un espace isomorphe, il n'y a pas de mouvement, et donc pas de temps. Aussi la pensée africaine met-elle l'accent sur la finalité, *Maât*, pour saisir le sens des contraintes, des régularités, des différences, des rétrocontrôles au cœur de la régulation de tout système vivant. Elle conduit aussi à déterminer les relations qui unissent les composantes de ce système autant que celui-ci agit sur chacune de ces composantes. La pensée ne raisonne pas après coup comme en Occident, mais avant coup, à partir d'un référentiel pré-établi, indépendant des passions, des désirs et des fantasmes de l'homme et toujours conforme à l'idée de participation, sans tiers exclu.

De ce point de vue, les vérités géométriques, statiques, ne nient pas la pertinence des vérités dialectiques inscrites

---

[76] En remplaçant *Isis*, l'épouse d'*Osiris* et mère d'*Horus* par le Saint Esprit, les *Saintes Ecritures* dévoilent la méconnaissance, voire l'ignorance de la source réelle de la dialectique, à savoir l'opposition organisationnelle des contrastes.

dans le mouvement. Il s'agit de les intégrer dans un espace de référence, encore que les unes puissent devenir les autres par simple projection. De la sorte, sur le plan moral, les quarante-deux commandements composent les vertus cardinales et déterminent les règles morales conduisant à l'honnêteté, à la justice, à la vérité, à la bonté, etc. Ils procèdent sur ce plan à la fois de la justesse géométrique et de la dialectique rationnelle. La pensée raisonne pour poser un acte et réaliser les idéaux, conformément à *Maât*.

En procédant ainsi par sédimentation de la justesse des équilibres et des raisons existentielles dans un espace où les institutions en programment l'ordre, l'édification de soi prend la forme d'une certification de la Loi de l'Harmonie sociale et universelle. L'infiniment petit entre en résonance avec l'infiniment grand, cosmique. Le Verbe devient aussi créateur ou re-créateur du monde et du divin.

Maât est, en somme, ce cheminement de la raison. Elle totalise l'empirisme, le rationalisme, l'idéalisme, le positivisme, la phénoménologie, la philosophie analytique, etc., comme modes d'analyse de la réalité dans cette tension vers la Vérité. Cela est valable en morale, en droit, en politique, en économie, mais aussi dans le sens de la finalité propre de la science, théorique ou appliquée. La philosophie maâtiste précède ainsi l'action et la pensée en même temps qu'elle les oriente au titre d'un rétro-contrôle de la Vérité. *Maât* introduit par ce biais l'enracinement de la conscience pensante dans l'esprit primordial et le déroulement en spirale de l'existence. L'affirmation d'un Ordre pensant supérieur permet à l'homme de donner une place à toutes les créations et ne pose pas, dès lors, une vue conflictuelle des relations à Dieu et avec Dieu. Un égyptologue écrit en effet :

« La société égyptienne englobe l'Univers entier : les éléments, autant que les êtres, sont immatriculés, comme partie d'un même tout, collaborateur d'une tâche commune[77] *».*

Le Sens apparaît par assimilation du désordre par l'ordre et, par conséquent, restauration de l'ordre. L'hypothèse selon laquelle les mathématiques sont inhérentes à la nature elle-même s'y établit comme un langage du Réel décrivant la création divine. Pythagore et Platon tirent de l'école égyptienne cette proposition souveraine. Ils ont à travers leurs pensées quelque chose de proche de la certitude mathématique de l'"Existant" égyptien et africain. Entre intuition et rigueur mathématique, il existe en effet un pont que matérialisent ces pensées. Le seul point d'achoppement du sens provient, dans la pensée philosophique occidentale, de l'absence d'un référent connaissable et universel, à l'instar de *Maât*.

Si nous sommes d'accord que *Maât* est connaissance de ce qui réellement *est*, et par conséquent de l'ontologie, elle ne peut que procéder d'une discursive avec des prétentions à la vérité éthiques, esthétiques et herméneutiques. Elle s'approprie pour cette raison la Valeur et la Vérité par le biais d'un métalangage symbolique qui induit la constitution morphogénétique des sociétés auto-instituées, politiquement autonomes et productrices de politique, d'Etat, de sciences, bien avant l'avènement de l'Etat-nation de type occidental.

En somme, la pensée africaine appréhende *Maât* comme une science inférée de la Vérité générale de la nature et, de la sorte, comme fondement du sens appliqué à la réalité humaine et non l'inverse, c'est-à-dire la raison

---

[77] A. Moret, *Le Nil et la civilisation égyptienne*, Paris, Albin Michel, 1926, p. 547. Collection L'Evolution de l'Humanité.

humaine préposée à l'idéalisme philosophique et présupposant un aboutissement de la Logique, du Vrai. Le conflit épistémologique est ainsi ouvert entre les pensées africaine et occidentale.

Aussi, contrairement aux sociétés occidentales où la connaissance est "prescrite" par des courants épistémologiques naviguant au rythme des avancées scientifiques, la connaissance africaine vise-t-elle un arrimage de la pensée à *Maât,* au cosmos-objectif, d'où cette impression apparente du "tourner en rond" des mythes, de ce retour à la case de départ quasi permanent.

Tout nous persuade, en fin d'analyse, de la nécessité de considérer à la hausse intellectuelle la philosophie africaine. Celle-ci réalise l'unité des savoirs dans une combinaison associative des aspects de la réalité, en recherchant en toute chose, même inanimée, cette complétude inhérente à la réalité ultime par le biais d'une énonciation symbolique.

Nous crevons l'abcès en faisant de cette philosophie celle qui est appelée à supplanter le mode de connaissance dominant. En cela la pensée africaine entre dans l'air de la modernité, d'un point de vue philosophique et scientifique. Le philosophe Manga Bihina l'a pressenti. Il écrit à cet effet :

> *« Le discours est aujourd'hui, de ceux qui suscitent l'intérêt des philosophies dites du langage. On parle du symbole, on revient au symbole. Tout se passe, en effet, comme si la philosophie, après avoir déclassé et éloigné le symbole du champ désormais clos de la réflexion philosophique et pris, par la suite, conscience des dangers, des limites et de l'aridité de la production conceptuelle dans l'expression de la totalité du vécu, voulait se replonger dans cette "région du sens multiple" qui du coup, cesserait d'apparaître*

comme l'organisateur de cette "nuit noire où tous les chats sont gris"[78] ».

Essayons pour cette raison de saisir la fonction de cette symbolique avant d'envisager le cas précis de la portée philosophique du proverbe.

B. La fonction du discours symbolique

Le proverbe, le conte, la légende, l'épopée, etc., tous dérivés du mythe, portent l'empreinte de *Maât* dans sa forme essentielle, c'est-à-dire une vérité première à partir de laquelle il faut philosopher pour atteindre la Vérité. Il s'agira donc d'en faire précéder un discours qui, tendant vers cette forme symbolique de la Vérité, deviendrait conclusif, c'est-à-dire retournerait au mythe, mais à un degré supérieur de la vérité première énoncée. La trajectoire discursive y est spiralée et tend vers la Vérité apicale, *Maât*. Le maâtisme statique configure l'état premier du mythe et se déploie vers un maâtisme dynamique, second. Mono Djana a bien raison d'écrire :

> *« De la sorte, ce sont nos discours qui sont philosophiques, non pas les mythes qui n'en sont que l'objet primordial.*[79] »

L'avantage qu'a le mythe africain, c'est qu'il a un contenu philosophique latent, c'est-à-dire une vérité première, une sagesse enveloppée dans le dire social et pouvant se saisir à travers plusieurs niveaux d'approches de la réalité. Les Egyptiens reconnaissent la fonction symbolique du "caché" qui est une propriété intrinsèque de

---

[78] « Symbolisme et philosophie : essai sur le proverbe » in *Actes du colloque de philosophie de l'Ecole Normale Supérieure*, Yaoundé, 4 - 8 avril 1983, p. 252.

[79] « Philosophie africaine et formes symboliques » in *Actes du colloque de philosophie..., op. cit.* p.181.

la réalité. Ils l'appellent *Amon*, le "caché". *Amon-Rê* rend compte de cette propriété, entre existence et non-existence, voire les deux à la fois. *Amon (Amen)* finalise le retour de la prière christique à cette suggestion "cachée" de toute vérité. Le "caché" revêt ainsi de façon structurelle une réalité et un statut propres qu'on peut qualifier de préphilosophiques, dès lors qu'il a pour fonction de pénétrer la complétude échappant au visible, de l'y englober de part en part par une "inflation expressionnelle" du discours. Leopold Sédar Senghor perçoit une emprise ontologique et anthropologique de la réalité saisie par les sens :

> *« Pour le négro-africain, la réalité d'un être, voire d'une chose est toujours complexe puisqu'elle est un nœud de rapport avec les réalités des autres êtres, des autres choses. Et ce n'est pas la première fois que la pensée nègre aura précédé une découverte scientifique. Or donc cette réalité multivalente, la raison discursive et l'expression ne peuvent l'embrasser intégralement, qui simplifient, et d'une manière univalente, tandis que la raison intuitive saisit l'ensemble des rapports dans leurs quantités, bien sûr, mais surtout dans leurs qualités. C'est pourquoi celle-ci s'exprime par images analogiques, qui suggèrent des rapports, et où symbole multivalent dépasse l'équation signifiant = signifié.*[80] »

Dans l'ensemble, la symbolique, la métaphore, l'image représentent dans cette pensée africaine des principes et d'authentiques discours en vue de la re-création du monde. Le recours à cette volonté de re-création est fondamental pour saisir la puissance des idées mythiques. Une telle puissanciation ordonne leurs tonalités symboliques dans la construction du système de représentations cosmologiques. Pour Engelbert Mveng, cette connaissance est scientifique. Voici son commentaire :

---

[80] *Œuvre poétique*, 5e édition Seuil, 1990, p. 390.

> *« L'accès au langage symbolique passe par la connaissance "scientifique" du monde. La signification de l'objet symbolique est donc toujours une "signification enrichie" comportant un extérieur et un dedans. C'est un passage permanent du phénomène. C'est au niveau du noumène que se situe le terrain propre de la symbolique*[81] *».*

La vérité est que la connaissance dite cartésienne procède d'une réalité linéaire, et donc abstraite, qui se détache des profondeurs "cachées" du Réel. Aussi le concept a-t-il un accent univoque, clarifié, et donc devenu clair, simplifié, qui peut entraîner de ce fait une confusion avec la réalité elle-même, plus complexe. La connaissance du Réel ne relève pas que du visible ; nous l'avons entrevu et apprécié à travers la théorie africaine du Réel et sa correspondance quantique. Dans cette volonté d'être maîtresse du monde pour y rivaliser avec les dieux, la connaissance cartésienne a péjoré le rationalisme individuel souvent limité au visible car expérimentalement contrôlable. Face au domaine invisible, mystérieux, angoissant, où se dévoile la finitude de notre connaissance matérielle, elle y a fait l'expérience de sa propre limite. Chemin faisant, elle a renvoyé au fétichisme l'énonciation symbolique de la connaissance. Fritjof Capra souligne ce qu'il en a résulté :

> *« Notre représentation de la vérité étant plus facile à saisir que la réalité elle-même, nous avons tendance à confondre les deux et à prendre nos concepts et symboles pour la réalité*[82] *».*

C'est cette logique des certitudes souvent acquises comme des pensées définitives qui a fait que l'Occident

---

[81] « La symbolique dans l'art africain » in *Racines* sous la direction de Théophile Obenga et Simao Souindoula, Editions du CICIBA, 1991, p. 201.

[82] Fritjof Capra, *Le TAO de la Physique*, Paris, nouvelle édition complétée Sand, 1985, p. 29.

rationnel, prenant acte de ses réalisations scientifiques et technologiques, a pensé le monde uniquement constitué d'entités ou d'objets opposables, hiérarchisables, catégorisables, mesurables. L'abstraction logique de toute pensée est du reste une abstraction anthropologique ; elle traduit la nature des idéalités et l'esprit d'un peuple. Mais ce n'est rien d'autre qu'une forme de pensée.

La rationalité africaine montre par son symbolisme que les mots à eux seuls ne suffisent pas à exprimer toute la réalité. Elle est proche de l'intuition du bouddhisme qui saisit une émotion vivifiante des profondeurs. Au vrai, la connaissance dite intuitive se charge de cette émotion des profondeurs de l'âme et l'exprime dans un langage adéquat, c'est-à-dire dans un symbolisme tout aussi complexe que la réalité elle-même.

Chez les Africains en effet, l'image et le symbole ne sont pas choisis de façon arbitraire. Il y a entre les deux une cohérence fonctionnelle liée à la pensée de l'essentiel. Le symbole intègre la rationalité du concept. *Râ* par exemple, le dieu-soleil, renvoie ainsi à l'essence de la régulation du vivant qui colle à la fonction du soleil. Le symbole "soleil" prolonge alors par son déploiement sémantique le concept dieu qui cesse d'être abstrait. Il recherche une efficience par le biais de la perception signifiante et fonctionnelle du soleil qui, elle, relève de la connaissance scientifique et non de la spéculation. Il y a donc, d'un côté, le mythe ou les dieux (principes) en tant que Totalités dont les figures analogiques constituant la trame des concepts opératoires projettent des images signifiantes, symboliques, et, de l'autre, les objets eux-mêmes et leurs réalités scientifiques propres. A travers le sens univoque du concept Dieu, *Râ* peut ainsi épuiser la substance scientifique et donner au symbole une assise à la pensée. En égyptien ancien, il est souvent important de s'en référer à l'écriture hiéroglyphique pour saisir la subtilité du sens premier et son réalisme second, analogique. Il est donc possible de délimiter le champ du symbole et d'orienter parallèlement le sens. L'activité d'interprétation n'est pas univalente ; quand la raison engage l'écriture, le hiéroglyphe correspond au symbole. Ce dernier ne vient donc pas avant le concept. Ils sont co-originaires sur le plan cognitif. Ils se complètent dans l'interprétation, l'un prenant appui sur l'autre pour justifier la connaissance sans que pour autant celle-ci soit épuisée. Ils commandent la quête de la vérité scientifique elle-même. La clé de l'interprétation réside donc dans leurs correspondances mutuelles. Il est important de noter, pour toutes ces raisons, que la philosophie herméneutique a du répondant dans sa version interprétative de la pensée hiéroglyphique. Elle est sans doute porteuse d'espoirs féconds. En fin de compte, la pensée africaine cumule langage symbolique et concept dans la visée pénétrante de la réalité. En effet, le concept seul n'y parviendrait pas en ce qu'il s'agit d'une perception première qui requiert une approche plus profonde que la saisie première. C'est dans la saisie seconde que se manifeste en effet l'esprit philosophique. Il s'agit, dans tous les cas, d'y éprouver la vérité première du mythe.

Celui-ci ne s'oppose donc pas à la philosophie. Il en est le réceptacle naturel. Son sens ontologique premier doit être éprouvé dans un sens second, davantage actualisé. En donnant le sens premier, il fixe la valeur axiologique conduisant au motif philosophique.

Le concept trouve pour ainsi dire son soubassement logique dans la symbolique et permet à la pensée philosophique d'opérer dans deux registres, conceptuels et symboliques. Piaget et Ferdinand de Saussure ont montré le côté essentiel et naturel du symbole. Nous ajoutons que la symbolique polarise la plénitude du sens. Elle s'inscrit avec son statut et sa réalité propres dans l'ordre organisationnel du discours complété par la production des concepts. A l'image s'associe l'idée, au symbole le concept. La raison se charge de réalisme, voire de surréalisme. Ce faisant, la pensée s'actualise, se renouvelle et synthétise le dire avant et pendant l'analyse. L'essai sur le proverbe qui suit nous apporte un enseignement digne d'intérêt quant à la portée philosophique du discours symbolique.

4.3. LA PHILOSOPHIE MORALE AFRICAINE

Le discours proverbial est un genre suggestif de la raison né du souci de donner de la clarté à un exposé démonstratif, de lui fournir une intelligibilité grâce aux qualités de l'intuition doublée de l'expérience. Il prend la forme d'un postulat ou d'une citation, au même titre que celle que l'on utilise en mathématiques ou en littérature pour marquer une incision dans le développement analytique de la pensée. Il signale de ce fait un aspect hypothético-déductif ou conclusif en fonction du niveau de développement du discours. Le discours proverbial formalise ainsi des stratégies du discours et de logique fournissant une cohérence interne et une pertinence rapportées au Réel. Le philosophe Manga Bihina détermine quatre moments dans la construction du proverbe : *« Théorique, poétique, logique et pratique*[83] *».* Nous entrevoyons dans ses quatre moments des déterminismes axiologiques du discours proverbial.

L'instance *théorique* est celle que nous avons appelée vérité première du système discursif symbolique. Elle

[83] *Op. cit.*, p. 259.

condense une situation et une condition sociale connues et appréciables par tous. La deuxième instance, *poétique*, est celle des aptitudes cognitives de l'individu philosophant qui s'appuie sur la vérité première de manière implicite ou explicite, pour ensuite signifier, dévoiler. De l'empirisme à la philosophie analytique en passant par les méthodes dialectiques d'expression et d'interprétation du Réel connues en philosophie, il est possible d'y développer un niveau d'abstraction digne d'intérêt philosophique. La troisième instance, *logique*, procède de l'énonciation du langage sous un aspect symbolique. La quatrième instance, pratique, est celle *« qui concerne l'utilisation du proverbe autant que sa fonction sociale et idéologique*[84] *»*.

La pensée mythique est mise en action ; elle fleurit le discours par ses images fortes, allusives. Elle sait où aller mais ne sait pas *a priori* comment y arriver. Aussi doit-elle manifester une forme de rhétorique qui suppose à la fois la maîtrise de la langue, c'est-à-dire une correspondance entre la pensée et les mots qui l'expriment, la maîtrise du discours contextuel, en quelque sorte une progression allusive de la pensée vers le but, et enfin une conciliation générale du discours et de l'ordre collectif. Manga Bihina pose les conditions suivantes pour cette réalisation :

> *« 1- que la proverbialisation ne signifie pas simple reformulation d'une symbolique qui nous vient d'ailleurs et à laquelle nous devons nous soumettre aveuglément mais organisation du langage à partir de proverbes et d'une symbolique que rien ne nous interdit d'inventer ou de recréer. Nous avons beaucoup à apprendre de Nietzsche à cet égard.*
>
> *2- que nous considérons le proverbe comme un fait actuel. Comme tous les faits, et selon le mot de Bachelard, ils ne parlent jamais d'eux-mêmes mais répondent aux questions que nous leur posons,*

[84] *Idem*, p. 262.

questions surgies de nos hypothèses, de nos représentations, de notre philosophie d'ensemble sur le monde. Nous devons donc engager un dialogue avec ces faits et confectionner des techniques opérationnelles d'approche de ces faits.

3- que l'élément philosophique du proverbe soit distrait, précisément la possibilité d'une expression de pensées abstraites et personnelles qui ne nous coupent point de la symbolique collective et nous renvoient sans cesse aux situations vivantes c'est-à-dire au concret de l'expérience vécue.

Quelle philosophie pourrait alors récuser un tel effort[85] *? »*

Le philosophe y rejoint cette autre pensée de Théophile Obenga, tout aussi réconfortante que rassurante :

« Les proverbes constituent des "enseignements" oraux qui n'instruisent pas moins l'homme au plan de l'éthique, de la politique, de la vie en société. Il n'est pas absurde à mes yeux de vouloir "déchiffrer" la philosophie morale africaine à partir des "proverbes", à la lumière de tout ce qui vient d'être dit[86] *».*

Pour toutes ces raisons précitées, le discours proverbial entre en résonance avec l'expérience sociale vécue. Les institutions politiques africaines nous invitent à présent à en saisir l'accent praxéologique.

4.4. LA PHILOSOPHIE JURIDICO-POLITIQUE AFRICAINE

La philosophie africaine a une portée morale et une portée juridico-politique. Sa rhétorique intègre les formes dialectiques de discours inhérentes au modèle symbolique d'expression de la pensée. Sa perspective épistémologique est marcusienne : elle s'attache à faire corps avec ce qui *est.* Après avoir entrevu les sources mythiques (voir thème

[85] *Ibidem*, pp. 263-264.

[86] *Op. cit.*, p. 167.

2.1) et leur système discursif (4.2), il convient d'étudier aussi la philosophie morale qui leur est sous-jacente, les philosophies sociopolitique, architecturale, médicale, artistique, etc. Nous montrons qu'il n'existe aucun domaine qui soit délaissé par la méthode maâtiste. Nous insisterons d'abord sur la philosophie sociopolitique.

A. L'idéal d'harmonie universelle est institué et institutionnalisé

C'est probablement sur le plan de l'organisation de la société politique que le génie de la pensée africaine manifeste tout son éclat. La théorie du bien, du beau, du vrai y rencontre les institutions, si bien que la société globale s'en trouve pacifiée. C'est précisément dans le champ juridique de l'action politique que s'organise la transcendance de *Maât,* de sorte que la science politique africaine s'inscrit dès lors comme une science de la "vie", organisée pour maintenir les équilibres sociaux en conjurant l'anomie. Cette science est organisée autour :

- du statut juridique du roi, de l'individu et des groupes de coopération ;
- du principe d'interdépendance et d'invisibilité de l'Etat multinational symbolisé par *Râ* en ses entités claniques ou tribales hiérarchisées ;
- de l'ordre hiérarchique et du primat de la valeur *Maât ;*
- des principes de décentralisation du pouvoir ;
- du principe horusien de la victoire de l'ordre sur le désordre[87].

---

[87] Cette victoire est matérialisée dans la valeur, c'est-à-dire *Maât.*

Passons en revue les quatre premiers points, le dernier ayant été largement traité dans les pages précédentes.

a. *Du statut juridique de l'individu et des groupes de coopération*

• Le concept fondationnel du pouvoir est *ankh,* vie, en égyptien ancien (cf. la spirale en annexe).

La linguistique historique montre que c'est autour de ce concept radical que se pose la notion de roi, de hiérarque, par analogie au soleil régulateur de la vie. Aussi le roi est-il considéré comme un fils du soleil, *Râ,* chargé de réguler l'ordre cosmique par le biais de son fils *Horus* qui veille sur *Maât* et, pour cette raison, défait *Seth*, les forces du désordre. Le roi porte le nom de *nane* (basaà), *Hene* (ashanti), *nwami* (swahili), *nwene* (zimbabwe), *Oni* (yoruba), *nwami* (tutsi), *nwanedi* (douala), *nwangeli* (lingala), *nwanu* (gbaya), etc., avec ce radical *an* sous-jacent. C'est un régulateur et, tout à la fois, un captif du pouvoir. Il règne et la norme *Maât* gouverne dans toute l'Afrique tant que des usurpateurs de trône ne s'emparent pas du pouvoir, à l'instar des sultans islamo-peuls ou des révolutionnaires royaux tel Chaka Zulu. Le roi est déposé par des contre-pouvoirs organisés autour des conseils, confréries, castes, en cas de défaillance.

• L'esclavage n'est pas institutionnalisé et l'"esclave" peut avoir un lopin de terre, se marier et jouir des droits civiques favorables à son épanouissement. Dans certains cas, il accède à des postes prestigieux (ministre, général d'armée, etc.). Dans la monarchie du Cayor, on a des exemples de ce type. Il en est de même de Joseph, ce fils d'Israël vendu par ses frères en Egypte et devenu le principal collaborateur du pharaon.

• Les étrangers sont membres de plein droit de la communauté s'il en admettent les lois et y assument des responsabilités. Rien à voir avec la Grèce antique ou l'Europe des XVIe et XVIIe siècles où l'insécurité règne et où les étrangers sont voués à l'esclavage.

• Les femmes transmettent les droits politiques. L'hérédité régalienne est assurée par les femmes. Elles ont même fondé des royaumes prestigieux à l'instar du royaume Mossi ou des dynasties Kandaka au Soudan. Elles sont prêtresses et divinisées. C'est au XIX^{e}siècle que de tels droits apparaissent en Europe, ainsi que le droit de vote des femmes.

• Le champ politique porte l'empreinte des groupes de coopération organisés en activités complémentaires liées à ce caractère sacral qui élimine la concurrence professionnelle et l'exploitation matérielle entre les clans. Les possibilités d'enrichissement sont compensées par un sentiment de justice et d'équité à l'égard des groupes et personnes moins lotis. La société politique ne change pas les institutions et, en général, ce sont les rois incompétents qui sont démis.

L'enjeu de ce statut juridique est de consolider l'idéal d'une vie harmonieuse pour tous et chacun.

b. *Du principe d'interdépendance et d'indivisibilité de la société politique*

Les règnes humain, animal, végétal et minéral constituent un Tout avec le cosmos qui produit l'existence. Au niveau humain s'établissent des cultures et sous-cultures en intercommunication, chacune sécrétant ses propres hiérarchies et valeurs légitimées par la constitution politique.

La finalité dominante, *Maât*, englobe et transcende l'ensemble social et écologique, avec des hiérarchies qui reproduisent et manifestent leur caractère indivis. Tant que la finalité précitée opère à chaque niveau d'organisation familiale, clanique, tribale, le Tout, c'est-à-dire la société politique globale et l'Etat multinational, fonde un fédéralisme intégral qui se condense en chefferies, royaumes et empires, selon le degré de complexification de l'appareil étatique.

c. *De l'ordre hiérarchique et du primat de la valeur*

Maât, la Loi de la Valeur, est inscrite dans la nature et en toute chose, même inanimée ! C'est elle que *Atoum* respire pour vivre. C'est sur elle que *Horus* veille par l'intermédiaire du roi, du hiérarque, du monarque. C'est elle qui garantit l'éternité sociale à tous les niveaux d'organisation de l'Etat. L'ordre hiérarchique est ainsi maintenu et *Maât* agit à chaque niveau d'organisation du système, à savoir chefferie, royaume, empire.

d. *Des principes de centralisation et de décentralisation*

La maîtrise de *Maât* à chaque niveau d'organisation suppose donc une légitimité et une légalité de l'autorité. Lignage, clan et tribu ont chacun un monarque garantissant les principes d'ordre et de bien-être à leurs niveaux respectifs, mais s'en référant à l'autorité fédérale sans que celle-ci soit capable de le révoquer. La centralisation concerne alors certains aspects de la vie sociétale : le commerce, la guerre, les relations extérieures, la gestion des richesses, etc. Le reste, à savoir le développement rural, la santé primaire, l'éducation de base, la législation, le contrôle social, l'exercice du droit, relève des monarques locaux. Si l'Etat multiclanique ou multitribal fixe les objectifs généraux, l'équité, la justice sociale et le bien-être de tous, la légitimité clanique ou tribale l'oblige, en revanche, à remettre les pouvoirs de décision aux chefs locaux représentant des entités auto-instituées, relativement autonomes et historiquement souveraines. L'invention du politique a en effet précédé l'avènement de l'Etat.

La décentralisation en Afrique est consubstantielle de son mode d'organisation fondé sur la légitimité clanique du politique. En cela, elle formalise un droit inaliénable à l'exercice du pouvoir. Aussi l'Europe a-t-elle du mal à organiser la décentralisation du pouvoir, son mode de régulation politique correspondant à une perspective citoyenne du pouvoir, sous le masque de ce qui est appelé "démocratie" et dont il faudrait remettre en cause la portée valorisante du concept. Qui pourrait dire que l'idéal démocratique pratiqué par nos ancêtres avec la décentralisation classique des pouvoirs n'est pas le plus efficient pour la société moderne, décentralisation dont on sait qu'elle intègre la notion communautariste d'organisation et le registre de la citoyenneté en tant que conscience et statut d'appartenance non plus au clan, mais à l'Etat multinational ? Témoin l'art africain qui obéit à ces deux registres. Il peut faire l'objet d'une commande royale mais aussi citoyenne et exprime une symbolique complexe comme nous allons le voir.

4.5. LA PHILOSOPHIE ARTISTIQUE AFRICAINE

La philosophie artistique intègre l'Ordre universel dans sa pratique comme dans sa finalité. L'Africain ne voit aucun cloisonnement entre la nature humaine et les règnes dits inférieurs. La pensée entrevoit en effet cette nature comme un champ d'observations. La valeur allusive de l'art africain renvoie aux registres des déterminismes naturels : ruse, pureté, vitesse, puissance, etc., qui ont leurs correspondances dans les règnes minéral, végétal ou animal. Le mutisme animal fixe à travers ces déterminismes naturels certains traits de la personnalité humaine rendus dans les comportements sociaux et politiques. Aussi l'art africain se saisit-il des métaphores animales pour mieux pénétrer le sujet artistique.

L'art royal par exemple s'accommode de la tonalité comportementale du félin, du cobra, de l'éléphant, comme des catégories de l'être propre des rois. Dans ce contexte, il a une valeur allusive dans cette manifestation de l'ordre en termes de projection/identification. En tant que de besoin, il offre au citoyen une puissance esthétique efficiente, diversifiée et luxuriante car puisée dans l'infinie variété des êtres et des choses présents dans la nature.

Les matériaux utilisés dans l'art relèvent aussi d'une mobilité de genres avec ses registres zoomorphiques ou écosystémiques : fibres, écorces, bois, coquillages, etc... Ce sont d'excellents matériaux de travail autant que le bronze ou les roches. Les lézards, les grenouilles, les araignées font distinguer dans ce cadre des thématiques comportementales. En cela, l'art africain diffère de l'art occidental : son symbolisme rompt avec la linéarité expressive de l'art occidental souvent détaché du Réel. Un égyptologue, Jean Yoyotte, souligne à propos de l'art égyptien que les démarches artistiques *« tendent non pas à élever l'âme vers le divin par des figures saintes, non plus à susciter de pures délectations, mais à "agir" et à "servir"*[88] ». Cela est vrai pour les cultures négro-africaines actuelles d'un point de vue eidétique.

Ici et là, la réalité complexe de la symbolique dépasse et déborde à bien des égards la logique rationnelle. "Agir" et "servir" sont du domaine de l'essence visée par l'action où le surréalisme n'est pas moins envisagé. Entre tradition "profane" et "ésotérique", opère l'art en vue d'une neutralisation des forces de l'invisible, du mal. Njoh-Mouelle partage cet aspect des choses lui qui apprécie :

> *« L'intérêt pour le beau n'apparaît pas comme une finalité en soi ; bien au contraire l'artiste - artisan et son client ne perçoivent cet intérêt que comme une voie conduisant à la puissance, une médiation vers l'être*[89] *».*

L'art ne s'y arrête pas. Le philosophe en saisit l'enjeu maâtiste :

> *« Les objets d'art sont disposés autour de l'homme à la manière d'un supplément d'être destiné à lui concilier une nature hostile... C'est en considération de cela que nous avons pensé devoir affirmer que le beau n'est pas une finalité en soi, mais une espèce de voie initiatique conduisant à la saisie de l'être*[90] *».*

4.6. LA PHILOSOPHIE SCIENTIFIQUE AFRICAINE

Nous prenons un seul cas à témoin, celui de la médecine traditionnelle. Elle n'en dessert pas l'intérêt à accorder aux autres sciences.

---

[88] *Dictionnaire de la civilisation égyptienne*, sous la direction de Georges Posener, avec la collaboration de Serge Sauneron, Paris, Fernand Hazan, 1988, p. 25.

[89] *Jalons III. Problèmes culturels*, Yaoundé, Editions Clé, 1986, p. 67. Collection Points de vue.

[90] *Idem*, pp. 66-69.

La médecine traditionnelle est une science psychothérapeutique. Elle manipule les dimensions du visible et de l'invisible. Les guérisseurs traditionnels invoquent en général les génies ou les ancêtres dans leurs consultations. Magie, science et religion se suppléent dans un domaine où esprit et corps, psychique et physique, ont leurs frontières presque diffuses. Aussi cette médecine touche-t-elle à la réalité complexe de l'Univers. Chez les peuples de la côte du Cameroun, en l'occurrence les Ngala-Dwala, le médecin, le *nganga,* se fait appeler *esoma-wuta* (celui – qui – révèle – ce – qui –est – caché). De même chez les Basaà de la forêt parle-t-on du prêtre guérisseur en termes de *yi-mam* (celui – qui – connaît). Il s'agit bien d'une connaissance, aux frontières du visible et de l'invisible avec mobilisation du rite. Eric de Rosny qui a fréquenté le *nganga* nous en dit un mot :

> *« Durant la cérémonie, le nganga murmure par bribes une invocation à l'arbre. Je suis un peu en retrait à flanc de pente et j'enregistre ses paroles à peine audibles. Alors la forêt se met à parler...Mon magnétophone s'emplit du bruissement de milliers d'insectes, du frémissement des arbres, du grincement des arbres*[91] *».*

Le cas de la médecine traditionnelle ne diffère pas de celui des autres sciences. C'est que le Verbe, toujours chargé, mobilise le Réel. Le rite se saisit de l'histoire ontologique où ce Verbe engage toute la création en vue de la science. L'homme n'est pas seul ; dans ce projet, il entrevoit sa relation aux autres choses et aux autres êtres, comme de l'ordre des essences. Il peut communiquer avec eux, les solliciter et partager avec eux l'idéal organisationnel du cosmos en termes d'harmonie, de complémentarité, de participation à l'ordre maâtiste en vue

[91] *Les yeux de ma chèvre*, Plon, 1981, p. 245.

de la guérison. On peut mettre une telle connaissance en parallèle avec les lois de la physique quantique qui promeuvent un univers où les objets ne sont pas isolés, où la dynamique espace-temps permet d'accéder à des dimensions inattendues par la science mais opératoires, "spirituellement" ou "mystiquement" parlant. Les objets y sont donc vivants ; mieux, ce sont des processus en interaction. En validant ainsi la saisie de l'être par le biais d'une médecine que nous qualifions de totale, nous sommes fondés à penser que la méthode philosophique traditionnelle peut servir de modèle de référence à la formalisation d'une version moderne de la méthode philosophique.

5.
POUR UNE VERSION MODERNE DE LA METHODE

> « La *maât* égyptienne et le *kosmos* grec désignent tous deux la transcendance, cela qui devrait guider l'action de l'homme dans et sur le monde selon le jeu global de la totalité en son Ordre universel ».
>
> Théophile Obenga, *La philosophie africaine de la période pharaonique. 2780-330 avant notre ère*, L'Harmattan, 1990, p. 158.

Le déficit d'une herméneutique rationnelle cohérente et pertinente des mythes africains est au cœur du cul- de- sac théorique de la philosophie africaine moderne. Celle-ci se heurte encore à l'obstacle épistémologique des traditions rationalistes dominantes.

Ce qui est ainsi en jeu, c'est la problématique du statut *ontologique* de la vérité[92] pour laquelle la philosophie dominante n'a pas de réponse, malgré les concepts ingénieux développés depuis l'Antiquité grecque.

La philosophie moderne est en crise : crise à la fois ontologique et épistémologique selon les termes d'une connaissance dite rationnelle qui ignore *ce qui réellement*

---

[92] Martin Heidegger, *Les problèmes fondamentaux de la phénoménologie,* Texte établi par Friedrich – Wilhelm von Hermann. Traduit de l'allemand par Jean-François Courtine, NRF, Gallimard, 1985. L'auteur s'y essaye à une abstraction théorique puissante ; mais en vain, pensons-nous, l'objectif n'étant pas atteint.

est. La question des prémisses ontologiques à partir desquelles toute méthode philosophique doit répondre pour justifier les règles d'inférences à valider s'y pose ainsi de manière fondamentale.

Dans les lignes qui suivent, il est question de ré-interroger ses fondements intériorisés comme légitimes en raison du rôle accordé à l'écrit même lorsque les thèses développées requièrent une objectivation théorique de la vérité.

Si nous sommes d'avis que la véritable philosophie procède de la connaissance (il n'y a de connaissance que de ce qui *réellement est*[93], et par conséquent de l'ontologie), nous devrions nous imposer à la place d'une orthodoxie puriste une approche comparée et générale de toutes les formes de pensée et, en particulier, celle du discours des communautés millénaristes où l'oraliture a fini par transcender le diktat de l'écriture.

Il nous est clairement apparu dans les pages précédentes que la méthode africaine, *Maât*, appréhende la connaissance comme une science inférée de l'observation de la nature et de ses lois fondamentales et, de fait, comme fondement du sens à donner à la Valeur et non l'inverse, la raison dominante préposée comme l'aboutissement du savoir.

Dès lors, il s'agit d'un conflit ontologique et épistémologique entre ces deux modes d'appréhension du Réel. Il nous suggère de réviser les normes méthodologiques établies par la rationalité dominante et de les dépasser. Un philosophe des sciences écrit :

---

[93] Cette thèse est ardemment soutenue par Herbert Marcuse dont nous partageons le point de vue dans *L'Homme unidimensionnel. Essai sur l'idéologie de la société industrielle avancée,* traduit de l'anglais par Monig Wittig et l'auteur, Paris, Les Editions de minuit, 1968, p.149.

« Quand une méthode de recherche perd sa fécondité, c'est que le point de départ est trop intuitif, trop schématique ; c'est que la base d'organisation est trop étroite. Le devoir de la philosophie scientifique semble alors très net. Il faut ronger de toutes parts les limitations initiales, réformer la connaissance non scientifique qui entrave toujours la connaissance scientifique[94] *».*

Aussi allons-nous situer le déficit ontologique de la philosophie dominante, puis introduire les signes qui nous paraissent viables et fiables pour le renouveau du "philosopher" africain, voire le "philosopher" tout simplement.

5.1. LE DÉFICIT ONTOLOGIQUE DE LA PHILOSOPHIE DOMINANTE

Le problème fondamental qui se pose dans l'exigence méthodologique dominante, c'est l'absence d'une vérité posée dès le départ, admise par tous, indépendamment des pulsions idéologiques. Très souvent alors l'élan vers la vérité n'est autre chose que la cohérence interne d'un discours qui se veut logique même si celui-ci n'est pas "vrai". Ainsi a évolué la philosophie, par pulsions successives, tendances "table rase" des registres scientifiques révolus[95]. Ainsi ont aussi évolué les idéologies pseudo-darwiniennes[96] établissant des "vérités" erronées sur une inégalité des races et partagées par de nombreux penseurs occidentaux parmi les plus

---

[94] Bachelard, *Epistémologie*, Textes choisis par Dominique Lecourt, Paris, 6e édition PUF, 1995, p. 19.

[95] Lire surtout Thomas Kuhn, *La structure des révolutions scientifiques*, Champs/Flammarion, 1983.

[96] Aristote, Hegel, A. de Gobineau, Lévy-Bruhl, etc., sont de ceux-là.

considérés[97]. Dans l'ensemble, Descartes a formalisé le code méthodologique de l'abstraction dominante. Si celle-ci a connu des succès indéniables sur le plan de la transformation de la matière proprement dite, elle est loin d'avoir saisi le sens de la Vérité dans le vivant. C'est ce à quoi nous renvoie aujourd'hui le triomphe de la complexité en science, suggérée comme un dépassement de la science classique.

Pour Descartes, il s'agit, en ce qui concerne la méthode, de diviser chacune des difficultés en autant de parcelles susceptibles de permettre une résolution aussi fine que possible d'éléments, puis de conduire par ordre les pensées en commençant par les objets les plus simples et les plus aisés à connaître, en montant peu à peu, comme par degrés, jusqu'à la connaissance des plus composés et, enfin, de procéder à des dénombrements et des revues générales[98].

Descartes a considéré que les objets sont séparés, catégorisables, et qu'une addition de toutes les parties suffit à reconstituer la totalité. Un physicien de renom en fait une approche critique :

> *« Le dualisme cartésien et la vision cartésienne du monde se sont avérés à la fois bénéfiques et nuisibles. Ils ont réussi à permettre le développement de la technologie et de la physique classique mais ont eu des conséquences néfastes pour notre civilisation.*[99] *»*

Effectuons pour cette raison une synthèse générale des enjeux actuels de la science et, partant, de la philosophie

---

[97] En réalité, c'est la quasi-totalité de cette conscience qui en est affectée.

[98] *Discours de la méthode*, revue et commentée par André Robinet, Paris, Classiques Larousse, 1999, pp. 48-49.

[99] Fritjof Capra, *Le TAO de la physique*, Paris, nouvelle édition complétée Sand, 1985, p. 23.

toujours en attente des certitudes atteintes par cette science pour se faire une nouvelle santé.

A. Sur le plan théorique de l'idéal d'analyse du fait social

L'analyse holiste et systémique préconise ce qui suit :

- Il existe des relations unissant les éléments d'un système et les éléments entre eux ;
- c'est par conséquent l'ensemble du système qu'il faut saisir dans sa finalité globale pour comprendre la manière dont chacune des parties articulées au Tout fonctionne, relativement à la finalité de ce Tout ;
- la méthode classique a contribué à une spécialisation trop étroite des savoirs, en même temps qu'à leur cloisonnement interne ; ceci apparaît incompatible avec la nécessité d'une vision globale de l'ensemble des phénomènes et de la vie.

Aussi la recherche actuelle privilégie-t-elle une analyse holiste et systémique dans un registre d'ordre multidisciplinaire si l'on veut saisir le Réel dans sa complexité, toute sa complexité.

B. Sur le plan de la méthode rationaliste

Fritjof Capra dit de la culture occidentale :

« Nous avons favorisé notre propre outrecuidance au détriment de notre intégration, notre analyse au détriment de la synthèse, le rationnel au détriment de la sagesse intuitive, la science au détriment de la religion, la compétition au détriment de la coopération, l'élargissement au détriment de la préservation conservatrice, etc. Ce développement à sens unique a désormais

atteint un niveau alarmant : une crise aux dimensions sociale, écologique, morale et spirituelle[100] ».

Il s'agit d'un véritable procès qui rétablit la rationalité traditionnelle de la philosophie dans ses bons droits, elle qui considère l'intégration, la participation, la complémentarité telles qu'entrevues dans la théorie africaine du Réel et son système discursif.

La crise actuelle de la pensée est manifeste. Elle est scientifique et tout à la fois philosophique.

C. Les marqueurs de la crise scientifique

Il s'agit en général des "*paradoxes*" qui ne peuvent être saisis par un raisonnement parfaitement "logique". En physique atomique, ils sont influencés par la double nature de la lumière (rayonnement magnétique) : ce rayonnement est ondulatoire et tout à la fois particulaire, deux aspects paradoxaux de la réalité. Dans le langage mythique, symbolique, ils peuvent trouver une solution, dans la mesure où les images et les concepts sont issus de l'expérience ; *Atoum* devient *Rê* et *Osiris* est un aspect de *Rê* par exemple (voir théorie africaine du Réel), ces entités procédant des propriétés intrinsèques de la matière. En évitant les paradoxes, les physiciens arrivent ainsi à une formulation cohérente de la théorie. Les "tendances à survenir" des particules s'expriment aussi comme des "probabilités" et y sont associées aux quantités mathématiques prenant la forme d'ondes dans la théorie quantique. L'unité de l'Univers est donc manifeste : la matière observée ne se présente pas sous la forme d'objets solides, mais d'un réseau d'interconnexions entre les

---

[100] *Idem*, p.12.

parties d'un Tout. Le modèle de création est par conséquent probabiliste, semblable à celui des ondes.

D'autre part, la théorie de la relativité d'Einstein en physique révèle que l'espace n'est pas tridimensionnel comme l'admettait la physique classique et que le temps engendre un espace-temps quadridimensionnel. Nos traditions philosophiques font en effet de l'espace-temps un *continuum* logique. Les Basaà parlent du *mbok* pour le désigner.

En mathématique, le *théorème d'incomplétude de Gödel* montre l'impossibilité de parvenir à une axiomatique universelle fixant *a priori* tous les systèmes possibles d'axiomes. Un tel enjeu certifie que le savoir n'est rien qu'un projet et que la science ne saurait tenir lieu de Système définitif. La science tend aussi résolument vers la saisie de son incomplétude organique et organisatrice. Elle y justifie la nécessité de servir *Maât* comme sa donnée asymptotique ; elle n'y perd pas en cohérence, et gagne surtout en maturité organisationnelle.

Quant au paradoxe de *Condorcet-Arrow*, il montre en politique les limites du suffrage universel fondé sur une addition des entités humaines isolées, atomisées : or, plus le nombre de votants augmente, plus augmente la probabilité d'incohérence des décisions. En termes clairs, le suffrage universel "un homme une voix" n'offre aucune chance à la démocratie si le nombre des votants tend vers des valeurs de plus en plus élevées. Le bon risque à encourir est celui de s'en remettre à une démocratie communautariste qui sert les intérêts des clans et villages rassemblés en petites entités. Une telle attitude est plus conforme aux fins de chaque groupe organisé.

D. Les marqueurs de la crise socio-économique, culturelle, politique

La méthode cartésienne procède d'une abstraction logique fragmentaire, d'ordre sociologique ; en effet nous dit Fritjof Capra :

> « *Cette vision fragmentée s'étend à la société que l'on divise en différentes nations, races, religions et groupes politiques. La croyance que tous ces fragments en nous-mêmes, dans notre environnement et notre société sont réellement séparés peut être considérée comme la raison essentielle des séries présentes de crises sociales, écologiques, culturelles... Elle favorise une injustice grossière dans la distribution des ressources naturelles, engendrant le désordre économique et politique, avec la montée de la violence spontanée et institutionnalisée, et un environnement laid et pollué dans lequel la vie est souvent devenue physiquement et mentalement malsaine.*[101] »

L'humanité actuelle ne connaît ni plus de paix, ni plus de bonheur. Le capital dominant apporte la désolation humaine en monopolisant les ressources de l'Univers et réduit l'homme à sa plus simple condition d'existant. René Passet, Professeur émérite d'économie, dresse un constat et les enjeux pour l'avenir. Suivons son regard, d'abord en termes de constat :

> « *Le politique et le social réduits à l'économique et celui-ci au financier, c'est le double réductionnisme qui régente aujourd'hui les affaires de la planète. Entre la logique du vivant et celle de l'argent se joue l'avenir du monde*[102] ».

A présent, entrevoyons avec lui les enjeux qui sont avant tout philosophiques :

---

[101] *Ibidem*, p.23.

[102] *L'Economique et le Vivant*, Paris, 2e édition Economica, 1996, p. 231. Ouvrage couronné par l'Académie des Sciences Morales et Politiques.

« Les vraies questions concernant l'homme, obscurcies pendant des millénaires par les exigences de la lutte pour la survie, se posent donc enfin à lui : elles se réfèrent à son être, sa place par rapport à l'ordre des choses et ses relations avec la nature[103] *».*

Ces enjeux suggèrent de reconsidérer cette question toujours non réglée, sur le plan théorique et pratique, c'est-à-dire du point de vue institutionnel. Dès lors pourquoi l'Homme ne s'éveillerait-il pas à l'intelligence du monde, à sa propre reconnaissance, comme dirait l'autre dans un ton résolument maâtiste qui dissimule mal l'exigence d'une mutation spirituelle de l'Occident ? :

« Agis de telle façon que les effets de ton action soient compatibles avec la permanence d'une vie authentiquement humaine sur terre[104] *».*

Il y a quatre mille ans s'est développée, de manière plus allusive, la pensée des Egyptiens anciens formulée ainsi qu'il suit dans les termes d'un matérialisme méthodologique :

« Maât, c'est donc à la fois l'ordre universel, et l'éthique qui consiste à agir, en toute circonstance, en accord avec la conscience de cette ordre universel[105] *».*

Ainsi donc, le défi auquel nous convie la pensée de la complexité tient à cette saisie du Réel. Il s'agit d'appréhender :

- son essence, sa totalité holistique et systémique, c'est-à-dire l'organisation des phénomènes structurellement interdépendants, relativement autonomes et hiérarchisés

---

[103] *Idem*, p. 230.

[104] Hans Jonas, cité par René Passet, *op. cit.*, p. XXI.

[105] Georges Posener, en collaboration avec Serge Sauneron et Jean Yoyotte, *Dictionnaire de la civilisation égyptienne*, Paris, Fernand Hazan, 1988, p. 156.

en réseau de l'être fondamentalement Un et Multiple : *Râ* ;

- son caractère dynamique et instable lié à ses éléments soumis aux forces du désordre et à leur évolution en un ordre lui-même dynamique et instable : *Horus/Seth* ;
- l'intégration de tous ses éléments dans une forme densifiée, complexifiante et équilibrée : *Maât* ;
- la dynamique de transformation de la matière dans l'espace et dans le temps : *Kheper*.

Toutes choses auxquelles renvoie le paradigme de la complexité[106] qui déborde largement le cadre réductionniste de la philosophie classique.

5.2. LES FONDEMENTS EGYPTOCENTRISTES DE L'ONTOLOGIE

Le terme fondement renvoie de manière spécifique à l'idée d'une assise, d'une base de l'enjeu théorique de la pensée produit par une réalité empirique. En ce sens, il est proche du principe, dès lors qu'il s'agit, pour organiser la théorie, de partir d'une réalité, d'un point de départ. Nous voudrions montrer pour cette raison que les mythes occidentaux ne proposent pas un discours cohérent sur

---

[106] Pour Edgar Morin, *Sciences Humaines*, n° 47, février 1995 : *« La pensée de la complexité se présente comme un nouveau paradigme né à la fois du développement et des limites des sciences contemporaines. Elle n'abandonne pas les principes de la science classique mais les intègre dans un schéma plus large et plus riche. »* C'est aussi l'avis de cet autre physicien de renom qu'est Bernard d'Espagnat dans *Penser la science ou les enjeux du savoir*, Paris Bordas, 1990, p. 92 : *« La grande ambition de la pensée complexe serait sans doute de dépasser les clivages entre inclusion et disjonction, entre holisme et analyse en parties, entre matérialisme et spiritualisme. »*.

l'Etre, si bien qu'on peut penser que ce point de départ raté explique d'une certaine façon l'issue chaotique des courants philosophiques traversés par des approches souvent contradictoires.

Il est possible, en effet, de rapprocher les pensées grecque et égyptienne pour s'en rendre compte. Sans minimiser le génie propre des Grecs, nous aimerions situer quelques-uns des thèmes majeurs qui présentent des similitudes avec la théorie africaine du Réel ou s'en éloignent en raison de l'influence plus ou moins marquée de l'Egypte sur les premiers penseurs grecs.

A. Les présocratiques

En Ionie, les sages de l'école de Milet ne distinguent pas, au début du VIe siècle avant J.-C., philosophie et religion. La *physis* a eu pour objet la découverte de la nature essentielle de toute chose. Comme chez les Egyptiens, il s'agit de démystifier le Réel, de remonter pour ainsi dire aux origines de l'Etre avec cet arrière-fond de mysticisme. A l'instar des Egyptiens, les Milésiens pensaient que la matière est vivante. Ils ne faisaient pas de distinction entre esprit et matière, toutes les formes d'existence étant dans leur esprit des manifestations de la *physis*. Thalès pensait ainsi que toutes les formes de vie sont pleines de Dieu, et donc de *Maât*, brise respirée par *Atoum* et que Anaximandre évoquait en terme de *pneuma*, souffle cosmique. En somme, il était question d'une conception organique à partir de l'Etre-Un, l'Unique. Chez Thalès, l'*archè* est la souche, l'eau, l'élément humide qui constitue la "chose" indifférenciée à partir de laquelle adviennent toutes les autres choses, à l'instar du *Noun*, la Matière primordiale des Egyptiens, qui est aussi une eau abyssale[107]. Chez Anaximandre, élève et ami de Thalès, l'*archè* est un principe « illimité », « infini » proche du méta-univers. La terre, l'eau, l'air et le feu (les quatre éléments fondamentaux de l'univers pharaonique, *Geb*, *Tefnut*, *Shou* et *Nout*) sont des manifestations de ce principe premier. Il existe ainsi dans cet "illimité", une force, une cause efficiente qui engage la succession dans le temps des divers états contraires.

Avec Anaximène, son élève, l'air devient, à partir du milieu du VIe siècle avant Jésus-Christ, le principe premier. Comme Diogène d'Apollonie, l'air est le principe premier assimilable au matériau de l'âme et de la pensée. A l'instar de *miri*, l'esprit des Bambara, il porte en lui une projection de l'action.

Mais on perçoit, quant au fond, que ces Idées ne sont pas étrangères à la pensée africaine. En somme, Thalès évoque l'eau (début du VIe siècle avant J.-C)., Anaximandre, l'infini (610-547 av. J.-C.), Anaximène, l'air (540-480 av. J.-C.). Héraclite, lui, pense à un perpétuel changement des formes, à un éternel devenir, à l'instar du *Kheper* égyptien, la loi de transformation dans le temps de l'espace. Pour ce dernier, le changement procède de l'interaction dynamique des contraires dont il soulignait l'unité, à l'instar du couple *Horus/Seth*, deux aspects de la même réalité en son essence. C'est donc la loi de la contradiction, inspirée de la bipolarité des essences fondamentales de l'Univers. Les mythes africains[108] connaissent cet antagonisme fonctionnel et

---

[107] La particularité égyptienne est que le démiurge *Atoum/Râ* sort du *Noun* dont il est cooriginaire. La pensée matérielle est affirmée en même temps que la pensée spirituelle. Elles sont deux aspects de la réalité fondamentale. Il n'y a pas de dualisme irréductible. Même distincts, les deux aspects ne sont pas pour autant séparés.

[108] Lire le thème 2 de la première partie.

leur organisation sociale en porte la marque. Un anthropologue témoigne :

> *« Le système de lignage est doué d'auto-rythmicité du fait de la duplicité des segments qui composent le lignage à tous les paliers. Ces segments étant antagonistes et complémentaires ils se produisent constamment en couples antithétiques dont la résultante caractérisée par sa propre rythmicité, relance la dialectique*[109] *».*

La rupture ontologique ci-dessus décrite est introduite avec l'école des Eléates. Celle-ci admet un principe divin identifié à l'unité de l'Univers, puis conçu par la suite comme un dieu qui régule l'ordre de cet Univers, sauf que cette conception produit un dualisme irréductible esprit/matière dont la pensée occidentale ne se remettra pas. C'est avec Descartes au XVIIe siècle que naît une théorisation ontologique de ce dualisme formalisé entre l'esprit (*res cogitans*) et la matière (*res extensa*). Reprenons les grandes idées de cette école des Eléates.

Parménide d'Elée, en désaccord avec Héraclite, soutient l'existence d'un Etre, principe fondamental, unique et immuable. De ce fait, le changement est impossible, de sorte que dans le fond il n'existe aucun *continuum* entre les formes existantes de cet Etre, ce qui revient aussi à considérer la nature comme faite d'objets isolés, indépendants et autonomes. Il est inutile de rappeler que cette vision, contraire à la science moderne, se prolonge dans la pensée de Descartes.

Au Ve siècle avant J.-C., une conciliation entre les idées de Héraclite et de Parménide se fait jour. Elle n'oppose pas fondamentalement l'idée d'un Etre immuable et l'éternel devenir ; elle associe à ces deux extrêmes des

---

[109] Prince Dika-Akwa nya Bonambela, *Problèmes de l'anthropologie et de l'histoire africaines*, Yaoundé, Clé, 1982, p. 158.

coupures explicatives entre les règnes et les espèces. Si les objets sont isolés, c'est à la suite de telles coupures qui procèdent des propriétés de la nature et de la dynamique de transformation de la matière.

La notion d'atome se clarifie avec Leucippe et Démocrite[110]. Désormais, le dualisme esprit/matière fixe une séparation entre les "briques" fondamentales, à savoir les atomes, passifs et inertes, et le vide dans lequel ils se meuvent. Mais leur mouvement restera inexpliqué et souvent associé à des forces extérieures, voire spirituelles. Aussi les penseurs à leur suite se pencheront-ils sur les problèmes du monde spirituel et de l'éthique plus concrets, pour éviter le cul-de-sac théorique de l'ordre immatériel inexpérimentable à partir des faits.

B. Des présocratiques aux socratiques

Platon et Socrate améliorent l'art de la discussion méthodique. Le genre philosophique de Platon et sa méthode dialectique orientent le sens des réalités vécues vers un dialogue intérieur avec l'âme. Le dépassement du mythe s'effectue désormais par la valeur du discours rationnel.

L'inquiétude philosophique de la période socratique naît des conditions objectives de la vie dans la Cité. Les sophistes et autres penseurs tentent de faire surgir un sens là où la vérité apparaît opaque. Le *logos* se saisit ainsi comme une réaction face aux frustrations, aux injustices,

---

[110] Démocrite, en tant que bon éléate, hérite en pensée de la mystique pythagoricienne et de la dialectique de Zénon. Si le principe est l'Etre, il s'agit d'un Etre essentiellement multiple. Mais cet Etre contenant le Tout est éclaté en entités elles-mêmes éternelles et indivisibles. Celles-ci sont alors entourées d'un non-être, le vide.

aux crises multiformes qui traversent cette Cité. C'est dans ce contexte que les penseurs socratiques tentent de penser le Réel dans sa totalité pour en appréhender le Sens. La *République* de Platon est, de la sorte, une réponse à cette volonté de consolider l'œuvre de Socrate, mais en même temps, de mettre fin à l'égarement de l'opinion. Platon y développe l'idée des rois-philosophes appelés à gouverner et à introduire dans l'Etat la justice et l'harmonieuse proportion. C'est celle-ci, en tant que science, qui doit fonder la politique, pense-t-il.

Platon envisage deux moments de la pensée, l'"ascendant" et le "descendant" (*République* VI, 511b, Phèdre, 265d). Le premier, *sunagôg*, va du multiple à l'un, de l'apparence à l'essence, à la lumière, à l'absolu.

Dans un deuxième temps, la *diaíresis* déploie le raisonnement et les implications de l'essence à travers les divers degrés et discours. Point par point, on y pressent la méthode philosophique africaine telle que nous l'avons développée dans le thème 4. En somme, il est question d'une pensée de l'essentiel. La méthode dialectique de Platon sait utiliser, en cas de besoin, le mythe ou l'allégorie pour séduire, à l'exemple du proverbe africain qui n'est pas seulement théorique, mais poétique et pratique. Platon est en effet conscient que l'opinion personnelle a une valeur inférieure à la science qui, elle, décline la norme transcendante. Ce n'est pas sans raison qu'il écrit : *« Le soleil [est] le fils du Bien, que le bien a engendré sa propre ressemblance, et est, dans le monde visible, par rapport à la vue et aux objets visibles, ce que le bien est dans le monde intelligible par rapport à l'intelligible et objets intelligibles » (République* VI, 508c*)*.

C'est bien de *Râ* dont il est question et de sa fille *Maât*. La pensée solaire égyptienne inspire la dialectique de

Platon, autant qu'elle a influencé les présocratiques. C'est en effet dans la pensée égyptienne que la dialectique de Platon trouve consistance. Lorsque Platon dit qu'*« apprendre n'est autre chose que se ressouvenir »,* avec l'aide du maître, du maïeute, il a recours à l'initiation comme exercice de l'âme qui, entraînée, entre en possession de ses facultés et qualités renouvelées, puis s'ouvre à une jeunesse stimulée par l'éveil de la conscience à la vérité, à la grande vérité.

Platon pose ainsi le thème de l'idée, de l'ordre, à la fois logique (gnoséologique), ontologique, cosmologique. Sans beauté, pas d'éthique, pas de justice, pas de vérité, pas de morale, pas d'ordre, etc. Aussi Platon cherche-t-il à améliorer par cette science-méthode le mal politique, l'anomie dans la Cité, aux fins d'apporter aux Grecs le salut et un bonheur durable. Comme en Egypte, il tente d'institutionnaliser *Maât* dans un monde qui en ignore le sens et les vertus. Il hiérarchise, ce faisant, les gouvernements dans leur ordre de décroissance maâtiste : la monarchie ou l'aristocratie (idéale), la timocratie (gouvernement de la *tim* = honneur), l'oligarchie (*oligoi* = petit nombre attiré par la richesse et la domination qu'elle procure), la démocratie (*démos* façonné par les inégalités), et enfin la tyrannie (*turranos* = homme seul exerçant une tyrannie). *(République* VIII, 543a, 564a). Fait remarquable, dès le départ, la démocratie n'est pas de l'ordre d'un idéal dans la pensée de Platon.

Nous qualifions pour ces raisons Platon et Socrate "d'idéalistes". En revanche, Aristote de Stagire, loin d'Athènes et bourgeois, nourrit davantage sa pensée d'un certain réalisme politique. Il est en effet fils d'un médecin, Nicomaque ; celui-ci est médecin du roi Amyntas II (père de Philippe de Macédoine). C'est vers 367 que Aristote rencontre Platon son maître. Il restera son disciple près de vingt années. Notons que c'est Aristote qui assure l'éducation d'Alexandre le Grand, père de la conquête de l'Egypte après les Perses.

Aristote démythifie progressivement l'idéalisme platonicien et oriente la fondation du *logos* vers la nature et la réalité opportune. Il s'agit pour lui de voir le monde tel qu'il est, et non d'orienter le regard ailleurs. Il appuie cette réflexion sur une herméneutique de la multitude des sens du mot "être" et tente, ce faisant, d'affaiblir la pensée platonicienne, tiraillé qu'il est par ses origines bourgeoises, ses considérations opportunes et ses convictions esclavagistes.

Dans l'ensemble, Socrate et Platon, tous athéniens, ont conscience du déficit de leurs mythes fondateurs et de l'impact de ceux-ci dans la mauvaise organisation de la Cité, de l'Etat. Lorsque Platon entreprend[111] d'unifier les dieux de la cité et d'y assurer la bonté d'un seul Dieu assurant la paix et la prospérité aux humains, c'est bien pour combattre les "hérésies" homériques. Ce qui inspire Platon, ce sont le monothéisme égyptien et *Maât*, la vérité-justice. Aussi son effort consistera-t-il à imbriquer dans le mythe grec un développement théorique, idéaliste, sans rapport avec la réalité de la Cité, vécue. Il s'agit, selon ses propres termes, de s'élever *« jusqu'au principe même pour en assurer ses conclusions ».* (*République* VII, 533d et 535a*)*. Telle est aussi la texture transcendante du *Kosmos*. On y saisit le sens de l'opposition aristotélicienne. Sans doute faut-il dire pour terminer ce propos que Platon et Pythagore furent de grands égyptocentristes. Nous ne pouvons pas citer ici toutes les sources de l'égyptologie qui le montrent à souhait. Le livre de Théophile Obenga

[111] Lire *La république,* traduction et notes par Robert Baccore, Paris, Garnier- Flammarion, 1996, pp. 126-129.

cité dans notre bibliographie est suffisamment documenté à ce sujet. Ajoutons aux deux premiers noms, Thalès de Milet, Aristote, Eudoxe, Archimède, Solon qui furent tous les élèves des prêtres égyptiens.

Conclusion

Près de trois mille ans d'histoire nous séparent de l'égyptocentrisme grec avec cet enjeu moderniste du retour de la philosophie à la case de départ. Le défi actuel de la science est celui d'une formalisation mathématique de la physique, de l'infiniment petit à l'infiniment grand, aux fins d'unifier le comportement du Réel tout entier. La science de la complexité, il convient de l'appeler ainsi, vise un dépassement des traditions rationalistes classiques. Elle est matérialisée par l'émergence des métaphores porteuses de sens : en mathématique, c'est le *chaos déterministe*. Les théoriciens saisissent dans le déterminisme des systèmes chaotiques "sensibles à leurs conditions d'origine" une imprédictibilité du désordre et y décèlent des "attracteurs étranges"[112] se rejetant à tous les niveaux d'organisation de la matière disposés en forme de " fractales"[113]. Ceux-ci sous- tendent par conséquent un ordre dissimulé[114]. C'est dire qu'un ordre peut s'organiser à partir du "bruit" : c'est la théorie de l'information qui, s'appliquant à la logique du vivant[115], entrevoit par la communication un équilibre entre l'interdépendance des éléments d'un système et une certaine autonomie. En

---

[112] R. David, *Hasard et Chaos*, Odile Jacob, 1991.

[113] Les fractales représentent des schèmes structurels et identiques aux divers niveaux d'organisation de la matière.

[114] James Gleick, *La théorie du Chaos,* traduction française, Albin Michel, 1989.

[115] H. Atlan, *L'organisation biologique et la théorie de l'information,* Hermann, 1972.

chimie, c'est la *thermodynamique des structures dissipatives*[116] permettant à la matière de résister à l'entropie par fluctuations successives. En physique, c'est la *non-séparabilité* qui considère l'Univers comme un réseau complexe de relations dans un Tout[117]: les objets physiques n' y sont pas séparés.

L'enjeu de la science, nous l'avons compris, c'est la maîtrise de la complexité, c'est-à-dire l'appréhension des lois de la transformation du désordre en ordre (*Maât/Seth*), des formes discriminées et interdépendantes dans un super-Tout (*Maât/Râ*), de la dynamique instable des éléments structurellement stables (*Maât/Kheper*), toutes choses considérées comme telles dans la pensée pharaonique. La science y rejoint l'ontologie africaine.

La pratique de la philosophie a existé en Afrique. De l'Egypte ancienne à nos jours au sein des cultures ethniques relativement conservées, elle a une tonalité maâtiste. Des discussions et des confrontations d'idées dans les écoles égyptiennes de Thèbes, d'Hermopolis ou d'Héliopolis est née une mythologie léguée au reste de l'Afrique noire sous la forme de légendes, d'épopées, de proverbes, de contes et de certains aphorismes dans leurs aspects conclusifs, institués et institutionnalisés dans le mode de régulation politique et socio-écologique. Ceux-ci restituent l'ordre sacral des choses, préétabli, en vue du bonheur de l'homme sur Terre.

---

[116] Prigogine Y. et Stengers J., *La nouvelle alliance*, Gallimard, 1979.

[117] La science pourra-t-elle montrer que le principe d'ordre à partir du bruit a une portée métaphysique ? Dans l'expérience africaine, le désordre indifférencié dans le *Noun* débouche sur l'ordre dont *Râ* organise le projet. A chaque niveau d'organisation opère cette bipolarité créative d'ordre.

S'il s'agit aujourd'hui de simples croyances toujours tenaces, c'est sans doute en raison des résultats que celles-ci ont produits dans l'histoire et parce que la mémoire, toujours fidèle, tient pour pertinente *Maât* qui sert encore de cadre de référence à la pensée, un peu comme un postulat en mathématique.

Si la pensée s'est appauvrie dans la conscience moderne, la valeur de référence *Maât* est toujours actualisée dans les traditions mêmes qui ont fondé l'Ordre sociopolitique égyptien. Elles continuent de s'imposer à tous là où le système colonial n'a pas décimé les derniers initiés. Le souverain, le monarque, le hiérarque y sont encore des régulateurs de l'ordre, car dépositaires du savoir "profond", mais aussi des maîtres du "désordre", car initiés aux traditions millénaristes.

Telle est la réalité qui prévaut. La philosophie y est pratique. Elle opère sans écrit, et l'initié ou le monarque assume pleinement la direction de sa communauté autant que l'Aîné authentique conscient de la démarche historico-philosophique des sociétés ancestrales acquises à une éthique de vie communautarisée. L'individu n'affirme pas "sa" philosophie. De fait, il n'est pas question d'individualisme, mais d'individuation. La philosophie n'est donc pas celle d'un individu rationnel au sens occidental du terme, mais celle des rapports aux choses et aux autres êtres, conçus pour l'équilibre du système vivant tout entier. L'individu n'est qu'un maillon de la chaîne de ces êtres et de ces choses. La logique n'est ni prométhéenne, ni existentialiste ! L'individu ne se compare pas aux dieux et ne substitue pas à eux. Le hiérarque, l'initié et le monarque sont des hommes - dieux, recréateurs de l'ordre universel et cogestionnaires du divin. L'ordre des résonances vient en effet de cette appréhension cosmo-objective de la Vérité générale de l'Univers où s'exprime un Sens. En toute circonstance, il importe d'agir conformément à cette Vérité, à ce Sens. Et il est bien question d'une démarche philosophique au sens où l'entend Marcien Towa qui écrit :

> *« La démarche philosophique se caractérise, disons-nous, par la liaison intime entre le souci de connaître rationnellement, méthodiquement, la réalité aussi bien physique que socioculturelle et la volonté de prendre appui sur ce savoir pour définir l'orientation profonde, absolue que doit adopter le comportement humain.*[118] »

Cette démarche adhère à la rationalité mythologique, en exalte la mesure, celle de la liberté de penser l'action, le bien, le vrai.

Il y a plus. Dans la quête de la vérité, la science moderne rencontre la mythologie, d'où cette détermination conclusive qui empêche le mythe de "tourner en rond", d'opérer par discontinuités épistémologiques au sens de Bachelard. Celui-ci écrit dans une parfaite illustration de notre prospective philosophique :

> *« La culture scientifique impose ses tâches, sa ligne de croissance. Les utopies philosophiques n'y peuvent rien. L'idéalisme ne montre rien. Il faut se mettre à l'école, à l'école telle qu'elle est, à l'école telle qu'elle devient, dans la pensée sociale qui la transforme.*[119] »

On saisit mieux les raisons de cette permanence du statut épistémologique de la vérité en Afrique. En effet, la rencontre entre le mythe et la science produit la valeur. Elle inhibe les discontinuités épistémologiques perçues dans la rationalité dominante et entretenues par la dérive mythologique de la pensée. Aussi la pensée homérique

---

[118] *L'idée d'une philosophie négro-africaine,* Yaoundé, Editions Clé, 1979, p. 13. Collection Points de vue n° 18.

[119] *Epistémologie,* Textes choisis par Dominique Lecourt, Paris, 6e édition PUF, 1995, p. 141.

"théâtralise"-t-elle la déroute des valeurs divines ! Aussi les hommes n'éprouvent-ils aucun respect pour les dieux ! Aussi faut-il attendre Platon pour voir les Dieux unifiés et leur sagesse exaltée !

On mesure ainsi la distance épistémologique qui oppose la mythologie africaine à la mythologie occidentale, et les conséquences attendues par la philosophie africaine moderne. Aux Africains de prendre acte de la portée épistémologique de l'épreuve ainsi engagée, ainsi que de tout le bénéfice que la philosophie peut en tirer. C'est bien peu de choses de le dire, si on ajoute que la philosophie africaine est l'une des plus pertinentes qui soient sur la pensée de l'absolu. Elle y attend une mutation spirituelle de la pensée occidentale depuis longtemps appauvrie par la logique matérialiste. De la sorte, l'ethnophilosophie est vouée à un avenir prometteur dans la phase active du philosopher "individuel" moderniste qui doit naturellement la prolonger. Dans ce sens, elle apparaît comme une phase expérimentale de la Philosophie. Car, en fin de compte, que gagnent les philosophes africains à taxer ceux qui sont préoccupés de retrouver leurs "entrailles philosophiques" d'ethnophilosophes ? Assurément rien. Towa l'a compris, et d'une certaine façon aussi, Hountondji et Eboussi Boulaga. C'est déjà cela.

ANNEXES

LA THÉORIE AFRICAINE DU RÉEL

Topologie du Nombre d'or et de son Angle

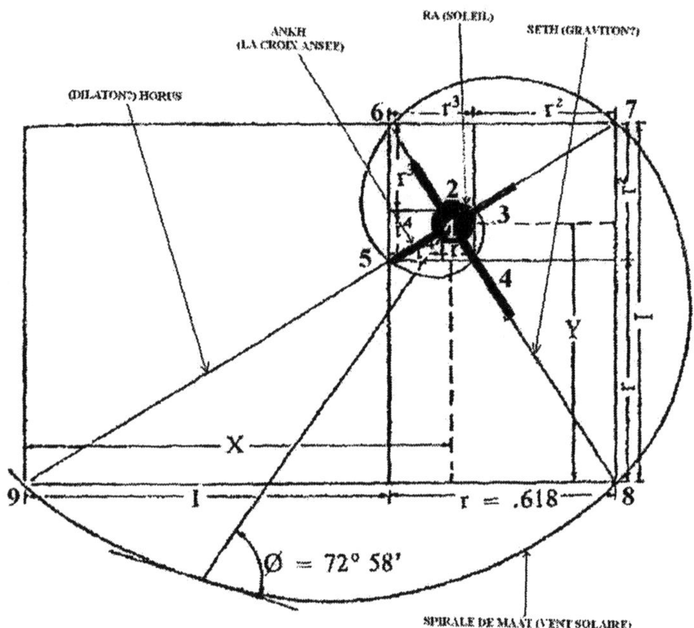

Cf. Max Toth & Greg Nielson, Pyramid power. The secret energy of the ancient reveal, New York, Destiny Books, p. 99.

Nos commentaires du point de vue de la cosmologie

La croix ansée *Ankh* devenue la croix du Christ est à l'intersection des forces de l'expansion de l'Univers *Horus* et de la gravitation *Seth. Maât* représente la spirale du vent solaire irradiant le cosmos. Aussi cette pensée solaire met-elle en jeu la complexité de l'Univers et la théorie de l'invariance d'échelle en physique. Toute la mystique des chiffres impairs procède de la droite *Horus* porteuse de l'expansion de l'Univers, donc de la vie.

MÂAT, double déesse de la Vérité - justice

Elle porte une plume dans sa chevelure. C'est cette plume qui, aujourd'hui encore, orne le bonnet des patriarches négro-africains. Celle-ci témoigne de leur rectitude morale et de l'impartialité dans le jugement. Le cœur du défunt doit être aussi léger que cette plume qui symbolise aussi l'état de "pureté"et de droiture inhérent à cet idéal de Vérité-justice recherché dans tous les actes de la vie.

BIBLIOGRAPHIE SOMMAIRE

Actes du colloque de philosophie de l'Ecole Normale Supérieure, Yaoundé, 4-8 avril 1983, avec la participation de Ondoua Pius, Mfoulou Jean, Dimi Charles, Fouda Basile, Aloys – Raymond Ndiaye, Njoh-Mouelle Ebénézer, Mono-Djana Hubert, Marcien Towa, Hountondji Paulin, Manga Bihina, Nanga Bernard, Ngoura Célestin, Bidja Rachel, Ngnepi Guillaume H.

Aristote, *Anthropologie*, Textes choisis et traduits par J. C. Fraise, PUF, 1976.

-Bachelard, *Epistémologie*, Textes choisis par Dominique Lecourt, Paris, 6e édition PUF, 1995.

Bidja Ava, R., *La méthode philosophique. Objet et techniques de la philosophie*, Presses Universitaires d'Afrique, 2001.

Descartes, *Discours de la méthode*, avec une Notice biographique, une Notice philosophique, des Remarques lexicologiques, des Notes explicatives, une Documentation thématique, des Jugements, un Questionnaire et des Sujets d'exposés et de devoirs, par André Robinet, Paris, Larousse, 1994.

Fouda, B. J., et Pokam, S., *La philosophie camerounaise à l'ère du soupçon : Le cas Towa,* Yaoundé, Editions le Flambeau, 1980.

Hegel, G. W. F., *Phénoménologie de l'esprit*, trad. Jean Hippolite, Paris, Aubier, 1939-1949, 2 volumes.

Heidegger, M., *Les problèmes fondamentaux de la phénoménologie*, Texte établi par Friedrich – Wilhelm von Hermann. Traduit de l'allemand par Jean-François Courtine, NRF, Gallimard, 1985.

Histoire de la philosophie. T. 1, Les pensées fondatrices sous la direction de Jacqueline Russ, avec la participation de Anne Baudart, François Chenet, Jean-Paul Dumont, France Farago, Pierre Hadot, Christian Jambet, François Jullien.

Hountondji J.-P., *Sur la « philosophie africaine ». Critique de l'ethnophilosophie*, Yaoundé, Editions Clé, 1980.

Kant, E., *La critique de la raison pure*, trad. Tramesaygues et Pacaud, Paris, PUF, 1950.

Kuhn, T., *La structure des révolutions scientifiques*, Champs/Flammarion, 1983.

Marcuse H., *L'Homme unidimensionnel. Essai sur l'idéologie de la société industrielle avancée*, traduit de l'anglais par Monig Wittig et l'auteur, Paris, Les Editions de minuit, 1968.

Ndaw, A., *La pensée africaine. Recherches sur les fondements de la pensée négro-africaine*, Dakar, Les Nouvelles Editions Africaines, 1983. Préface de Léopold Sedar Senghor.

Njoh-Mouelle, E., *De la médiocrité à l'excellence. Essai sur la signification humaine du développemen*t, Yaoundé, Editions Clé, 1970. Etudes et documents africains.

Njoh-Mouelle, E., *Jalons II. L'Africanisme aujourd'hui*, Yaoundé, Editions Clé, 1975. Collection Points de vue n°16.

Njoh-Mouelle, E., *Jalons III. Problèmes culturels*, Yaoundé, Editions Clé, 1986.

Nkrumah, K., *Le Conscientisme. Philosophie et idéologie pour la décolonisation et le développement*, avec une référence particulière à la Révolution africaine, trad. de l'anglais par L. Jospin, Paris, Payot, 1964. Collection Bibliothèque scientifique.

Obenga, T., *La philosophie africaine de la période pharaonique. 2780-330 avant notre ère*, Paris, L'Harmattan, 1990.

Thompson, R.-F., *L'éclair primordial. Présence africaine dans la philosophie et l'art afro-américains*, trad. de l'américain par Odile Demange, Paris, Editions Caribéennes, 1985.

Tort, P., et Désalmand, P., *Sciences humaines et philosophie en Afrique. La différence culturelle*, Paris, Hatier, 1978.

Towa, M., *Essai sur la problématique philosophique dans l'Afrique actuelle*, Yaoundé, Editions Clé, 1971. Collection Points de vue, n° 8.

Towa, M., *L'idée d'une philosophie négro-africaine*, Yaoundé, Editions Clé, 1979. Collection Points de vue, n° 18.

Table des matières

L'Harmattan, Italia
Via Degli Artisti 15 ; 10124 Torino

L'Harmattan Hongrie
Könyvesbolt ; Kossuth L. u. 14-16
1053 Budapest

L'Harmattan Burkina Faso
Rue 15.167 Route du Pô Patte d'oie
12 BP 226
Ouagadougou 12
(00226) 50 37 54 36

Espace L'Harmattan Kinshasa
Faculté des Sciences Sociales,
Politiques et Administratives
BP243, KIN XI ; Université de Kinshasa

L'Harmattan Guinee
Almamya Rue KA 028
En face du restaurant le cèdre
OKB agency BP 3470 Conakry
(00224) 60 20 85 08
harmattanguinee@yahoo.fr

L'Harmattan Cote d'Ivoire
M. Etien N'dah Ahmon
Résidence Karl / cité des arts
Abidjan-Cocody 03 BP 1588 Abidjan 03
(00225) 05 77 87 31

L'Harmattan Mauritanie
Espace El Kettab du livre francophone
N° 472 avenue Palais des Congrès
BP 316 Nouakchott
(00222) 63 25 980

L'Harmattan Cameroun
BP 11486
(00237) 458 67 00
(00237) 976 61 66
harmattancam@yahoo.fr

652395 - Mai 2016
Achevé d'imprimer par